青春文庫

相手の「こころ」はここまで見抜ける！

1秒で盗む心理術

おもしろ心理学会［編］

青春出版社

たった〝1秒〟で相手を操縦するツボを明かした秘伝の書！

人のホンネというのは、本人がいくら包み隠そうとしても言葉や表情に表れるものです。

そんな相手の心のサインをきちんとつかんだうえで、ちょっとした心理テクニックを使えば、わずらわしい人間関係に〝一瞬〟で決着をつけることができます。

大げさなジェスチャーをするだけで会話のアドバンテージを握れたり、たったひと言「やるな！」と言うだけでなぜかヤル気にさせてしまうことができるのです。

本書は、最新の知見をベースにして他人には教えられない禁断の裏ワザを大公開しています。面白いほど簡単に、しかも相手の心理を1秒で盗み取って操縦するツボを明かした秘伝の書です。

2019年3月

おもしろ心理学会

相手の「こころ」はここまで見抜ける！　1秒で盗む心理術■目次

1 1秒で乗せる　13

3　1秒で動かす　83

4 1秒で落とす　133

5 1秒でキメる　161

6　1秒で変わる　203

カバー写真■zffoto/shutterstock.com
本文写真■SVIA TLANA SHEINA/shutterstock.com
Arcady/shutterstock.com
制作■新井イッセー事務所
DTP■フジマックオフィス

1

1秒で乗せる

How to read others

励ます技術

「がんばって！」より「がんばっているね」のひと言が響く

コミュニケーションのとり方で意外とむずかしいのが〝励まし〟方です。もっともよく使われる励まし方に「がんばって！」というフレーズがありますが、すでにがんばっている人に対して使うと、もうこれ以上はがんばれない、勝手なことを言わないでほしい…と、かえって気持ちを逆なでしてしまうことがあります。

というのも、こういう人はもともとがんばり屋さんが多いからです。

本人が○○をやりたいという動機を持ってすでに努力を重ねてきているので、周囲から「がんばって！」と言われたところでやる気が改めて出るわけでもありません。よけいなことを言うなと、敬遠されるのがオチなのです。

また、積極的にがんばっている人でなくても、**うかつに「がんばれ」とは言わないほうがいいでしょう。**

たとえば、荷が重い仕事に取り組んでいる部下に「がんばれ」と言ってしまうと、「オレにこんな面倒な仕事を押しつけた当人が〝がんばれ〟って言うなんて、無責任な上司だ」と呆れられることにもなりかねません。

では、いったいどういう言葉をかけたらいいかというと、こういうときはがんばれではなく**「がんばってるね」と言い換える**だけで相手の気持ちをグッとつかめます。

すでに十分がんばっているので、自分のがんばりを認めてくれた、この人はちゃんと仕事ぶりを見てくれていると感じ入り、信頼を寄せてくれるようになります。

そのうえで**「がんばるのもいいけれど、あまり無理するなよ」と慰労すれば、理解のある上司として再認識される**ようになるはずです。この人のためにもっとがんばりたいと、さらにやる気を出してくれるでしょう。

How to read others

同調法

「うん、うん」だけで心を開かせることができる

「ちょっと相談にのってほしいんだけど…」とプライベートの悩みごとをもちかけられ、親切心からあれこれとアドバイスしたにもかかわらず、相手は不満げな表情を浮べている…。この状況をどう考えたらいいでしょうか。

こういうときは、バカ正直に相談に乗ってあげるよりも**「同調法」**を使うだけで、一瞬にしてその人からの信頼をガッチリ得られます。

なぜなら、相談を持ちかけてくる人というのは、すでに自分の中で〝答え〟を出している場合がほとんどだからです。

たとえば、仕事を辞めて留学しようかと悩んでいると相談されたら、本人の中ではすでに〝留学する〟ことが決まっているのです。

では、なぜ相談するのかといえば、自分ひとりで考えて出した答えでは不安だ

からです。第三者に自分の出した結論は間違ってないと太鼓判を押してほしいだけなのです。

ですから、そんな人の相談ごとを真に受けて「せっかくいい会社に就職できたんだから辞めるなんてもったいない！」などと親身になって説教やアドバイスをするのは無意味です。相談に乗るほどバカをみます。

それよりはまず、**口を挟まずに「うん、うん」と頷きながら聞くこと**に徹しましょう。

それから、いかにも真剣な顔をして「あなたの言うとおり」「私もそういう問題で悩んだ時期があったから、気持ちがよくわかる」と、その人の考えにともかく同意し、悩みを共有する態度を示すのです。

そうして、とどめの一発として**「あなたの考えに賛成する」と肯定してあげれば、自分の出した答えはやはり正解なのだと大満足する**はずです。

背中を押してくれたことに感謝し、私を理解してくれて信頼できる人だと感じたとたん、すぐに心を許してくれるでしょう。

How to read others

倍返し法

“小さな恩”を売って大きなリターンを得る方法

「情けは人の為ならず」とは、人に情けをかけておくと、行き巡っていずれは自分のためになるという意味のことわざです。

さて、この言葉を応用した心理術として紹介したいのが**「倍返し法」**です。

この人はいずれ自分のため役に立ちそうだなというときに、日頃からせっせと情けをかけたり恩を売ったりしておくと、それがやがて2倍にも3倍にもなって返ってきて大きな得をするというものです。

たとえば、仕事に忙殺されている同僚がいるとします。そういうときには、さりげなく仕事を手伝ってあげたり、面倒な仕事を引き受けてあげたりすればいいだけです。

ポイントは、**「小さな恩」を売る**こと。売る恩が大きすぎると遠慮して受けとらない可能性がありますし、かえって恩着せがましいと感じたり、何かウラがあるのではと疑ったりする人もいるからです。

「ありがとう！　助かるよ」と気軽に受けとれる程度の、**考える時間を与えない恩をちょこちょこと売り続ける**といいでしょう。

人は、他人から恩を受けたり借りができたりすると、少しでも早くそれを返したいという心理が働きます。

これを**「返報性の法則」**といいますが、コツは相手が**「早く借りを返したい」と思っているうちに仕掛ける**ことです。

そこで、その機を逃さずに「じつはいま、困っていることがあって助けてほしい」と、大きなお願いごとを切り出してみましょう。相手はとっさに「これは借りを返せるチャンスだ」と考えて、「ＹＥＳ」と即答してくれるはずです。

小さな恩を売ることは、売るほうにとっては何の痛手もありません。ノーリスク・ハイリターンで、瞬時に大きなメリットを得られるというわけです。

How to read others

類似性の法則

〝似た者同士〟が惹かれるのには理由がある

この人とはぜひお近づきになりたいと思う人がいるなら、その人を〝コピー〟してみると簡単に仲よくなれます。つまり、その人の真似っこをして接近するのです。

人は自分とは正反対のタイプには警戒心が働いて、なかなか近づこうとはしません。服装から話し方、趣味もまったく違うから、仲よくなれる感じがしないと敬遠されてしまうのがオチです。

一方で、類は友を呼ぶというとおり、**〝似た者同士〟は仲よくなりやすい**傾向があります。

これは**「類似性の法則」**といわれるもので、自分と同じような趣味や生活習慣がある人には好感を抱きやすいことがわかっています。

ですから、仲よくなりたい人がいれば、まずはその人をよく観察することです。どんなファッションが好きなのか、趣味は何なのかなどを遠巻きにして探っておくことから始めましょう。

そのうえで同じブランドの服を買ったり、その人の趣味が映画鑑賞ならば最近の映画を何本か観ておいたりします。

見た目から中身まで同じように装うことができるようになったら、いよいよチャンス到来です。**さりげなく近づいて話しかけてみる**といいでしょう。

なんとなく自分と雰囲気が似ているという人には親近感を持つので、警戒することなくすんなりと受け入れてくれるはずです。

さらに、共通の趣味の話を持ち出して「趣味や嗜好が似ていますね」と何気なくアピールすれば即座に心を開いてくれます。

気をつけたいのは、つけ焼刃でマネをしたことで素の自分がバレてしまうことです。自分と似ていると思ったけれど何か違うなと勘ぐられないように、まずはしっかりとコピーしてから接近してみるといいでしょう。

How to read others

一点集中法

あえてほかのことが目に入らない状況をつくりだす

交際を申し込むときなど、どうしても自分に興味をもってもらいたい人がいるなら、まず場所選びから始めることをオススメします。

たとえば、薄暗い雰囲気のバーやレストランなどはうってつけです。いうなれば、暗いために周囲がそれほどはっきり見えず、お互いの顔だけがなんとか見えるような設定だからです。

こういう場所では目の前にいる人にだけ視線を固定することができるので、周囲に気をとられることなく自分たちだけに神経を集中させられるからです。

また、視線を固定することで、その人の思考力を鈍らせる効果も期待できます。

これは座禅のときの「半眼」と同じ原理です。座禅をするときには、目をパッチリ開けるのでもなく、かといって完全に閉じるわけでもなく、**半分ほど開けた**

状態の半眼がいいとされています。というのは、**1点を見つめることで考えを停止させて雑念を払える**からです。

この効果は、ときの権力者たちもたびたび使ってきました。会場を薄暗い状態にし、壇上で演説する自分にだけスポットライトを当てる手法がそれです。

聴衆は否応なしに壇上にいる話し手だけに意識を集中させることになるので、一種の陶酔状態に陥りやすくなるのです。

よく考えれば、突拍子もないスピーチでも1点集中の効果でなぜか素晴らしい内容に聞こえてしまうというわけです。

とりわけ、暗闇では神経が研ぎ澄まされるので効果が倍増します。その点、冒頭の薄暗い店や夜のドライブなどは絶好のシチュエーションということになります。

前もってリサーチした場所に意中の人を誘い出すことができれば、あとは1点集中の効果が自動的に発揮されるはずです。「あなたしか見えない」ような状況では、あなたに夢中にならざるを得ないのです。

How to read others

受け止めのコツ

相手の〝攻撃の芽〟を一瞬で摘みとれる

世の中には、何かにつけてあれこれと文句を言ってきたり、批判をしたりする人がいます。こういう人は自分の考えに自信があり、常に自分が正しいと思っている人が多いので、こちらが少しでも反論しようものなら大騒ぎです。

なかには急に怒りを露わにして「この前、あなたは○○だと言ったはずだ！　それでは理屈が通らない！　謝れ！」などと揚げ足を取ったり、些細なミスを大げさに言って糾弾してきます。

こうなると、いわゆるモンスタークレーマー化してまるで手がつけられなくなってしまいます。そうならないためには、万全の体制で攻撃の芽を摘み取らなくてはなりません。

では、どうしたらいいでしょうか。

じつは、難癖をつけてくる人を一瞬でかわせる魔法の言葉があります。それは「なるほど」です。

なるほどという言葉には「なるほど、おっしゃる通りです」という意味があるので、あなたの意見をきちんと尊重していますよと誠意ある姿勢を見せることができるからです。

ただし、「なるほど、なるほど」と軽々しく言うのはＮＧです。適当にあしらわれていると感じたとたんにさらに激怒されることもあります。

ここは、**神妙なトーンで「なるほど」と、その人の話に耳を傾ける**謙虚な態度が大切です。この言葉を巧みに利用するだけで、相手はこちらの言い分をわかってくれたと感じとり、攻撃的な気持ちは急速にしぼんでいくでしょう。

仕事のシーンだけでなく、妻や恋人が「あなたっていう人は！」と怒っているときも下手に反論してはいけません。「なるほど」と、従順な態度を示すだけで修羅場を速やかに収束させられるはずです。

How to read others

正しい敬礼の心得

頭を下げる角度と相手の反応の関係は？

開店と同時にデパートへ入ると、そのフロアの店員がずらりと立ち並んでいて、入店してきた客に深々とお辞儀をします。

この懇切丁寧なお辞儀に、なんだか上得意になった気分でご満悦になる人がいる一方で、仰々しいお出迎えに思わず面食らって、ちょっと居心地が悪いなどと感じる人もいるでしょう。

このように深々とお辞儀をされると、人は平常心ではいられなくなります。優越感を感じる人もいれば、自分は最敬礼されるほどの人間ではないとオドオドしてしまう人もいます。

いずれにしても、出会い頭に深いお辞儀をするだけで、相手の気持ちに知らぬ間に変化を起こすことができるのです。

そこで、大切な交渉があるときなどは、この方法を使って取引先の気持ちをコントロールすることです。

方法はいたって簡単です。**会った瞬間に、相手より先んじて深々とお辞儀をすればいいだけ**です。あまりにも深すぎると担がれているのだと怪しまれるので、**角度は45度くらいが最適**です。

いきなり最敬礼されることで、相手は意表を突かれます。慌ててお辞儀をし返してきたとしても、もうすでにこちらのペースに乗せられているはずです。

特に、自信過剰で威張っているタイプの人は、深くお辞儀をされただけで調子に乗って「まぁ、今回のことは私に任せてください」などと、いつもより自分を偉く見せようという心理が働きます。

じつは、これが狙い目です。優越感に浸っているところにつけこんで「ここは田中部長のお力で、何卒よろしくお願いします」と、さらに深々とお辞儀をしてへりくだればもう抵抗できません。「よし、私がなんとかしましょう！」と、最速で交渉をまとめることもできるでしょう。

How to read others

オーバーアクション演出法

大げさな身振りで会話のアドバンテージを握る

身振り手振りがやたらと大げさな人がいます。「インドカレー屋に行ったら、ナンがこんなに大きくて」と両手を左右に大きく広げてみせたり、「この前、転びそうになって、おっとっとなんて体勢を崩してさ」と、歌舞伎の見得を切るような素振りをしてみたりと、とにかくアクションがオーバーなのです。

騒々しくてうっとうしいと感じる人もいるでしょうが、**聴き手を惹きつけるという点では抜群のトーク力の持ち主**といっていいでしょう。

口先だけでただ淡々と言われるよりも、多少過剰であっても身振り手振りで体現してくれたほうが、耳だけでなく目からも情報が入ってきます。聴き手にもたらされる情報量が格段に多くなるからです。

しかも、話の内容や背景を思い浮かべやすくなり、臨場感もたっぷりなので聴き手はあっという間にその人のペースに巻き込まれるのです。気がつけばいつの間にか会話のアドバンテージを握られているというわけです。

そこで、どうしても説得したい相手がいる場合には、意識して大げさな身振り手振りで話してみてください。

名づけて**「オーバーアクション演出法」**とでもいえばいいでしょうか。何はともあれ、会話の**初っ端から大きなアクションで相手を圧倒する**のです。

たとえば、大切な交渉の席では「今回の新商品ですが、従来は厚みが30㎝あったものを、なんと半分の15㎝まで圧縮することを実現しました!」などと言って、両手で30㎝から15㎝の幅にぐっと薄くなったことを表現します。

ときにはカラダ全体を使ってジェスチャーをしてもいいでしょう。相手が思わず勢いに飲まれているようなら思うつぼです。

会話のアドバンテージはとっくにこちら側にあるので、グイグイと話を優位に運んで相手を説得してしまいましょう。

How to read others

裏かき法
いつも"上から"の相手を黙らせる予想外のひと言とは？

どんな人でもほめられたら悪い気はしないものです。狙った相手を自分の都合のいいように操りたいなら、**ほめ言葉は最大の武器**になるといえるでしょう。

しかし、そんなほめ言葉による攻略法が通用しないタイプがいます。それは年がら年中ほめられている人です。

たとえば、子どもの頃から「たかし君はしっかりしていて優等生ね」とほめられ続け、大人になってもエリート街道をまっしぐら。仕事でも「やっぱりキミは仕事ができるな。さすがだ！」とほめられまくっている人にとっては、ほめられることは当たり前になっています。

そのため、どんなにほめたところで、自分がすごいことくらいよくわかっていますよと内心、傲慢に受け止めるのでなびくことはないでしょう。想定内のモノの言い方では、人の心を動かすのはむずかしいのです。

こういう高飛車なタイプを落とすには、**「裏かき法」**を使うと効果的です。つまり、その人のウラをかいて意表を突いた発信をするわけです。

たとえば、仕事はできるけれどスタンドプレーが目につく同僚の場合には、**あえて耳の痛い言葉を投げつけてみる**のです。

気をつけたいのは、プライドを刺激する言い方はしないこと。このタイプは自尊心が高いので、あくまでも「君のことが心配だから、あえて嫌なことも言わせてもらうよ」と、**親切心からの発言であると匂わせる**のがコツです。

ふだんは耳にしない〝予想外のひと言〟を言われたことで、相手は「いままでこんな指摘をしてくれる人はいなかった…」と、すぐさま一目置くようになるはずです。

誰も言ってくれない真実を忌憚なく告げてくれる人として、これまでの態度は一変するはずです。

How to read others

レッテル効果

あまのじゃくなタイプを1秒で攻略する

相手に知られることなく自分のコントロール下に置きたいなら**「レッテル効果」**を利用することです。

レッテル効果とは、「あの人はこういう人だ」とレッテルを貼られた本人が、その貼られたレッテルのとおりに行動してしまうことをいいます。

たとえば、部下に対して君は営業トークにセンスがあるとか、仕事ぶりが丁寧だというレッテルを刷り込んでおくと、本来は口ベタだったはずの社員が誰もが目を見張るような営業トークを連発したり、それまでの雑な仕事ぶりが丁寧になったりするのです。

ところが、このような単純なレッテル貼りをしても、**一筋縄でいかないのがあまのじゃくなタイプ**です。

この手の人に「君は仕事が早いな」とレッテルを貼ろうとしても、「どうせ部長はオレに早く仕事をさせたいからあんなふうに言っているんだ」と、何事も斜に構えてみてしまいます。

こういう人を瞬時にコントロールしたいときには、自分ではなく**「他人」を使ってレッテルを貼る**ように画策するといいかもしれません。

まずは、周囲に「あいつは確かに仕事が遅いかもしれないが、丁寧で失敗がない。しかも締め切りは守る」と吹聴するのです。

人の印象は第三者が貼ったレッテルで容易に変わってしまうものなので、周囲の認識も瞬く間にガラリと変わるはずです。

こうしてまわりの見る目が変わってくると、さすがのあまのじゃくなタイプも知らず知らずのうちに貼られたレッテルのとおりに行動するようになります。

あとは、この仕事を任せたぞと素知らぬふりをしていれば、すぐさまこちらの思惑どおりに動いてくれるようになります。

How to read others

希少性の原理

買う気がない相手には「限定フレーズ」で攻める

特に買い物をするつもりもなく、ふらりと立ち寄ったデパートで「本日最終日！　限定セール開催中！」というフレーズが目にとまったらどうしますか。「それならちょっと買っていこうかしら」と、ついよけいな買い物をしてしまったなんて経験はないでしょうか。

なぜなら、人は希少性の高いものや入手困難なものにはより魅力を感じてしまうからです。

いうなれば**「ないものねだりの心理」**の一種で、〝品薄〟だとか〝限定品〟だといわれると「手に入りにくいからこそほしい！」「きっと誰も持っていないはずだ」と購買意欲をかき立てられるのです。

ニュース番組である商品が人気で品薄状態だと放送されると、さらに人気に火がついて生産が追いつかなくなるのはこの心理トリックのためです。

ちなみに、相手にどうしても購入してほしいときには、このないものねだりの心理を刺激することです。

「今回、限定○個しか生産していない希少品です。もう、残りもわずかです」とか「期間限定サービスなので、いましか体験できません」などと、とにかく**限定フレーズで攻め立てる**のです。

そうすると、客は「いま決断しないと、二度と手に入らないかも…」「この機会を逃したら、あとで後悔するかも…」と、ふだんはそこまで関心を示さない商品にも魅力を感じ始めます。

まして、「もうすぐ完売間近です」「いま、こうしているうちにもどんどん注文が入ってきています」というような状況であれば、即決で「いますぐ買います！」となるでしょう。

How to read others

握手の技術

手を握るだけで思考は一瞬でフリーズする

あいさつ代わりにハグやキスをする欧米人とは違い、日本人にはボディタッチの習慣がそれほどありません。

急に肩をポンと叩かれたり、腕にそっと触られたりするだけで、一瞬ドキっとしてしまう人も多いのではないでしょうか。

ボディタッチは親愛の気持ちを表し、信頼感を伝える大切なコミュニケーションのひとつの手段ですが、それほど親しくない人に対しては**相手の思考を一時停止させる効果がある**のです。

たとえば、それほど親しくない人が急に肩に手を回してきたことを想像してみてください。おそらく「えっ、何?」とたじろいてしまい、一瞬にして思考がフリーズしてしまうでしょう。

この効果をうまく利用して意図的に相手の思考を停止させたいところですが、むやみに体を触ると不快に思われたり、その人が異性であればセクシャルハラスメントとして受けとられかねません。

では、どうしたらいいかというと、それは、**相手が拒むことができないボディタッチである「握手」をすること**です。

自分からすっと右手を差し出せば、握手の習慣があまりない日本人でも反射的にさっと手を出してしまうからです。

そうして思わず手を握ってしまったものの、内心では握手に慣れないためドギマギしてアタマが固まっているはずです。

こうなれば、すでにその場の主導権はこっちのものです。再びギュッと力を込め、さらにプレッシャーをかけてみましょう。

こうして相手の思考が一時停止している間に主導権を握れば、終始自分のペースに巻き込んで優位にことが運ぶはずです。

How to read others

親近効果

エンディングがハッピーなら一発逆転が狙える

終わりよければすべてよしとはよくいったもので、何ごとも結果さえよければ人の記憶にはいい印象しか残りません。

これは「**親近効果**」といわれるもので、ものごとの**最後に起こったことが一番強く印象に刻まれて影響を及ぼす**という現象です。

ということは、誰かと会ったときには去り際がもっとも大切になります。最後に好印象を与えることができれば、相手にはその記憶がずっと残ることになるからです。

たとえば、気になる女性との初めてのデートを想定してみましょう。

せっかく意気込んで出かけたのに、楽しみにしていた人気のカフェは定休日、観たかった映画は混んでいて代わりに観た映画がつまらない、おまけに雨で彼女のお気に入りの服がびしょ濡れで…、と彼女の機嫌がだんだん悪くなるのが目に見えてわかってきたとします。

さんざんな目に遭ってこのまま帰ってしまえば最悪の印象しか残りませんが、ここでエンディングを立派に締めくくれば、それまでのデートのネガティブな評価をひっくり返して一発逆転が狙えます。

つまり、デートの最後にとっておきの店を予約しておくとか、帰り際に相手が喜ぶようなプレゼントを用意しておくとか、とにかく**その日の失敗をリセットできるようなエンディングを前もって準備をしておく**わけです。

こうして最後の最後にハッピーな気分を味わえたことで、相手の記憶はただちに好印象へと上書きされます。

最後に、「いろいろあったけれど、一緒にいられただけでとても楽しかった」という気持ちがストレートに伝われば、少なくとも「次」につなげることはできるはずです。

How to read others

やる気のカラクリ

やる気にさせるには、あえて〝飢餓状態〟に追い込む

慣れというのは恐ろしいもので、どんなに高価なプレゼントでも与え続けられていると、たいして価値がないモノに見えてきてしまいます。

しかし、当たり前だと思われてはプレゼントをする甲斐がありません。こういうときには相手を一度、**〝飢餓状態〟に追い込む**といいでしょう。しばらく高価なプレゼントをするのをやめてみるのです。そうしておいて、相手の不安と不満が「もう限界」というところで、再びプレゼントをするわけです。すると、想定している以上の反応があるはずです。

これは、仕事でも同じです。

たとえば、優秀な部下だと見込んで大きな仕事を任せてきたのに、最近はどうも調子に乗っている、ひたむきさがなくなり、注意をしても「忙しくて手がまわ

りません」と言い訳ばかりする部下がいるとします。

こういうときには、いったん、その部下に**大きな仕事を任せるのをやめてしまうのです。**

そのうえで、あえてその部下のライバルや仕事のできない後輩社員に仕事を任せてみるのです。

こうなると、部下は急に焦り始めます。「大きな仕事をください」と直談判をしてきても、しばらくは「ずっと大きな仕事が続いていたからちょっと休め」と取り合わないフリをすることです。

高く評価されていると思って自信過剰になっていた部下は、大きな仕事を任せてもらえなくなったことで精神的に飢餓状態になります。

そのタイミングで「よし、この仕事をお前に任せる」と、ドンと大きな仕事を託せば、即答で「任せてください！」と、やる気満々で取り組むでしょう。

もともと実力はあるわけですから、初心にかえって熱心に取り組めば必ずや大きな結果をもたらしてくれるはずです。

How to read others

位置取りの法則①

反対勢力の勢いを削いでイニシアティブを握る

会議のときに侮れないのが**「席取りの効果」**です。

会議には複数の人が参加しますが、どの席に誰が座るかによって会議の行方が大きく左右されるからです。

たとえば、長方形の大きめのテーブルで会議をする場合、議長やリーダーは長方形の短い辺に座ることがほとんどです。

また、自分の意見を通したいとか、会議のイニシアティブを握りたいという積極的なタイプは長い辺の中央に陣取る傾向があり、ここに座ると大きな影響力を持てることとなります。

その反対に、発言に自信がないから目立ちたくない、議題にあまり関心がないという消極的なタイプは、議長から離れた末席に座りたがります。

こうした傾向を把握し、誰をどこに座らせるかを事前に仕込んでおけば、会議の流れを思いどおりにすることも可能です。

重要なのは、中央に座らせる人物です。ここに座る人はこの場を制したいという意欲が強く、強い影響力を誇示したいのです。

もちろん、自分が座ってイニシアティブを握ってもいいのですが、序列の関係でまだ中央に座るのがおこがましい場合などには、**味方になってくれるキーパーソンをそこに座らせる**といいでしょう。

押しが強くて、周囲にも一目置かれている先輩をキーパーソンだと睨んだら、その先輩を味方に引き込み、うまく誘導して中央の席に座らせるのです。

一方で、反対勢力になりそうな人物は、できるだけ議長席から離れたところに座らせます。先に会議室に乗り込んで中央の席を味方で固めておけば、自然と反対勢力の力を削ぐことができるというわけです。

こうして事前に段取りしておけば、会議が始まると同時に全体の主導権を握れるはずです。

How to read others

位置取りの法則②

「敵視している」と思われかねない位置関係とは？

人と話すときは相手の目を見なさい、と親や先生に教えられた人も多いでしょう。たしかに、それが最低限の礼儀だというのは誰もが納得することです。

しかし、現実にはそれができない人もいます。

目を合わせることが恥ずかしいという人は、じっと凝視されることも苦手です。自分の心の内を見透かされそうで、落ち着かないという人もいます。相手を見つめることは、必ずしもいいことではないのです。

さらにそれが「敵視」ととられることもあります。見ているほうにはそんな気はなくても、何らかの敵意があると受けとられるのです。見つめるのではなく、にらみつけられていると感じるのでしょう。「ガンをつけた」という言い方がありますが、にらみつけるだけで喧嘩になることもあるのです。

いずれにしても、**目線をどこに向けるかは意外とむずかしい**問題です。

そんなわけですから、最初から目を合わせない人がいるのもうなずけます。見過ぎてへんな誤解をされたくないと思うのか、絶対に目を合わせないのです。

もちろん、それはそれでひとつの考え方です。目を合わせないほうが落ち着いておだやかに話せるというのであれば、それに合わせてあげたいものです。

そこで、そういう人を相手にするときは、**最初にどこに座るかの一瞬の判断が勝負の分かれ目**となります。

向かい合わせに座るのではなく、可能ならば**横に並んで座るようにしたほうがいい**でしょう。

たとえば、喫茶店ならテーブル席よりもカウンターを選びます。それだとお互いに向き合わないので、目線をそれほど気にする必要はないからです。

これはつまり、相手が落ち着いて話せるような環境をつくってやるということです。不必要に緊張させたり、気を使わせたりするよりは、何の気遣いもなく話せるようにしてあげたほうがいいのです。

How to read others

マンツーマン攻略法

本音を引き出すには「サシ」のタイミングを狙う

国会など政治の世界では、よく「数の論理」という言葉を耳にします。多数決の結果のみですべてを決めようとし、少数派の意見がかき消されてしまう状況をいいます。

その点では、会社などの組織も多数派が圧倒的に有利なのは同じです。どうしても通したい意見があっていくら頑張ったとしても、その他大勢が「NO」ならもうお手上げです。メリットや有効性をどんなに訴えても、その声が受け入れられることはないでしょう。

そんな多数派を説得する方法が、**「マンツーマン攻略法」**です。

一見、一枚岩のように見える人たちも、よく観察してみるとそれぞれの意見は微妙に食い違っていることが多いものです。そこを突くわけです。

いきなり会議の席で多数派を相手に説得するのは困難なので、まずは**一人ひとりと個別に話して本音を引き出していく**のです。

それまでは「その企画には反対だ！」と言っていた上司も、マンツーマンでじっくり話してみると「この部分を改善してくれたら賛成にまわってもいい」と言い出すこともあります。

また、長い物には巻かれろタイプの人は「部長が賛成すればオレも賛成する」などと上司の顔色をうかがっていたり、日和見主義の人は波風を立てないように同調しているだけだったりもします。

サシで話すことにより、会議の場ではけっして引き出せない本音が聞けるようになるわけです。

本音が聞けたら、その人たちが賛同者になってくれるように内容を改善したり、キーパーソンを仲間に引き入れたりと、事前にしっかり根回ししておきます。

あとは会議で自分の企画を堂々とプレゼンテーションするだけで、反対していた人たちからも次々と賛同者が現れるに違いありません。

2
1秒でつかむ

How to read others

数字の魔法
数字の見せ方を変えるだけで、信憑性が大幅にアップする

日本の春のお楽しみといえば桜ですが、天気予報などではよく三分咲き、五分咲き、八分咲き、満開といった表現で開花状況を知らせてくれます。

三分咲きと八分咲きとではだいぶ違いますから、花見が大好きな人たちにとってこの目安はとてもありがたいものです。

このように、ものごとには**数字が入っただけでグンと信憑性がアップする**傾向があります。これがひいては、発言者の信頼度にも比例してくるので、**ここぞという場面ではできるだけ数字を入れるように心がけたい**ものです。

たとえば、「ここから現場まではどのくらいですか?」と聞かれたときに、「タクシーですぐです」というよりは、「混んでいなければタクシーで2〜3分です」と答えたほうが相手の信頼度は断然変わってきます。

また、恋人に今度はいつ会えるかと聞かれたときに、「しばらくは忙しいから、こっちからまた連絡するよ」などと曖昧なことを言えば、浮気を疑われるかもしれませんが、「向こう2週間くらいは仕事が立て込んでるけど、来月の初めくらいに連絡できると思うよ」と答えれば、本当に忙しいんだなと納得してもらえるうえ、大きな安心感を与えられます。

もちろん、プレゼンなどの資料でもできるだけ具体的な数字を盛り込むことは鉄則です。

データ類の数字を細かく正確に弾き出すのは当たり前のことですが、プレゼンのときのトークにしても「我が社、始まって以来の〜」というよりは「創業40年の我が社、始まって以来の〜」としたほうがより具体的なイメージを持てます。また、「ここにいる全員が」とするより「ここにいる12人全員が」と表現したほうが、一気に説得力が増してくるでしょう。

しかも、これが「**およそ8割は**」とか「**少なくとも30人は**」という**だいたいの数字**でも、その場の判断力におおいに影響してくるはずです。

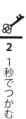

How to read others

スリーパー効果

時間が経つだけで信用度が上がる「スリーパー効果」の謎

恋愛でも商売でも、人の気持ちを動かすのはむずかしいものですが、その一方で、やりがいを感じるのもたしかです。気のない相手をどうやってその気にさせるかは、その人の腕しだいということになります。

方法はいくつかありますが、誠意で押すという手段はシンプルかつもっとも効果的だと思う人が多いのではないでしょうか。

自分がどれだけ相手のことを思っているか、おすすめする商品がどれほどいいものか、とにかく誠意と真心を込めてプッシュしまくる…。たしかに、悪い方法ではありませんが、やはり押しっぱなしではうまくいきません。

昔から、押してダメなら引いてみようというように、押したらスッと引くという駆け引きがどうやらもっとも効率がよさそうです。

では、なぜ**「押して押して引く」というやり方がうまくいく**のか。それは、心理学でいうところの「スリーパー効果」が関係しています。

人は信頼度の低いところからの情報を受けると最初は警戒しますが、一定期間をすぎると急に信頼度の低さが気にならなくなり、その情報を好意的に意識するようになります。

ですから、すり寄ってくる男性に対して最初は心を閉ざしていた女性も、**好きだ好きだと言われているうちに警戒心が解けて親近感を抱く**ようになります。

そこで突然、連絡を絶つなどしてサッと身を引いてみると、とたんにその男性のことが気になってしかたなくなります。次に押すときには、むしろ女性のほうからアプローチをしてくる可能性がグッと高まるというわけです。

ビジネスにしても、しつこいくらい通ってきた担当者がパッタリと顔を見せなくなったら、「そういえばどうしたんだろう？」と気になるものです。そこでひょっこり顔を出せば、少なくともこれまでのような門前払いはなくなるはずです。

How to read others

「危機感」を煽る

強く脅すよりも、やんわりと危機感を刺激する

テレビの健康番組で身体にいいとされた食品が、次の日からバカ売れして、ついにはスーパーの棚から消える…。こんな現象は過去に幾度となくありました。流行ったものの例を挙げれば、納豆、バナナ、マイタケ、玉ねぎなど、たしかにどれも身体によさそうな食品ですが、それまでも日常的に使用しているはずのものが、テレビの影響とはいえ品薄になるほど急激に世間が反応するのはなぜなのでしょうか。

もちろん、なかにはみんなが買うからとか流行りに乗ってという人もいるかもしれませんが、わりと多くの人に当てはまるのが、ゆるい危機感という理由です。「このままでは細胞がどんどん老いていきます」「血流が悪くなり、最悪の場合は脳梗塞を引き起こします」…。こんな煽り文句につられてしまう人が大半では

ないでしょうか。

「即、病院行きです」とか「いますぐ死に至る可能性があります」といった強い脅し文句は現実味がありませんが、「いまはいいかもしれませんが、このままだと10年後には血管がだんだん詰まってきます」といった弱めの煽りは、健康面に不安のない人にもゆるい危機感を抱かせる効果があります。

これと同じで、なかなか仕事がはかどらない同僚に対しても「怠けていると上司に報告するぞ」と言うよりは、「いまはいいかもしれないけど、そのうち自分の首を絞めることになりかねないよ」というような、**ゆるい危機感を感じさせたほうが即効性は高い**のです。

上司への報告という煽りからは、「やれるもんならやってみろ」という反発心が生まれますが、そのうち自分の首を絞めるというと想像力を刺激します。

また、どこか**突き放すような言い方でもある**ので、どうにかしなくてはという気持ちにさせることができるかもしれません。

How to read others

吹っかける技術

都合の悪い話こそ、〝過大申告〟でイエスと言わせる

人は都合の悪いことは過少申告し、都合のいいことは過大申告する傾向があります。

たとえば、親からゲームは1時間までと言われていたのに、「45分しかやっていない」と少なく見積もったり、10人くらいの賛同しか得ていないプロジェクトを通したいときに、「仲間の30人は賛同しています」と多く見積もったりするのです。

意図的か無意識かにかかわらず、たしかにこの程度のごまかしは誰にでも心当たりがあるでしょう。

とりわけ、都合の悪いことは過少申告するという傾向は強いものですが、じつはその逆を選択するほうがうまくいくことが多いことをご存じでしょうか。

たとえば、誰もやりたがらないような1週間程度の作業があったとします。どうにかして受け持ってもらいたいあまり、作業日数を少なく見積もって「5日間ですむから、力を貸してくれないかな」と説得したとしましょう。ですが、このやり方ではあっさり断られるのが目に見えています。

そこで、あえて「2週間ですむから、力を貸してくれないかな」と**多めに吹っかけてみる**のです。そして断られたら、「じゃあ10日間だと?」「1週間でいいから!」と、**どんどんハードルを下げていく**ようにします。

すると、2週間と提示されたものが半分まで減ったあたりで、相手もそれならばと態度をガラリと変化させるのです。

もちろん、まったく縁もゆかりもない人にこの方法は効きませんから、多少でも**義理を感じるような間柄であることが大前提**ですが、好条件を提示してだまし討ちをするよりも、悪いほうに過大申告して下げていくほうがすんなり受け入れてもらいやすくなり、高等な駆け引きにもかかわらず成功率もグッと高くなります。

How to read others

指示＋指示法

2つのお願いを同時にすると、どちらも断れなくなる理由

一度でも上の立場になったことがある人は、人を動かすことがいかにむずかしいことか身に沁みているのではないでしょうか。

自分はまだペーペーだからそんな立場にはないという人でも、思い返せば学生時代の委員長や班長、部活のキャプテンなどで似たような経験をしているかもしれません。極端な話、飲み会の幹事も同じといえば同じです。

「○○してください」というたったひとつの指示で、全員を一発で動かせるかというと、そんなことはまずありません。

個性的でまとまらないメンバーをまとめ、何度も同じ指示を出して、そのレスポンスを待つ。じつにストレスのたまる役割です。

もしもいま、リーダーの立場にある人や、これから可能性のある人に覚えてお

いてほしいのは、**指示はひとつではなく、2つ同時に繰り出すと断りにくくなる**ということです。

たとえば、いつも忙しそうにしている営業職の人に「経費の精算は早めによろしく」と言ってもなかなか動いてはくれません。

ですが、「A社にアポをとったら、そのあと経費の精算をしてくれないか」と合わせ技で指示をするのです。

経費の精算はどうしても後回しにされがちな作業ですが、A社へのアポは後回しにはできない類のものです。

それをつけ加えることで、どちらもすぐにやらなくてはいけないという思考にスッと切り替わるのです。

本命にプラスする指示は、「食事をとったら」とか「着替えをすませたら」など、仕事以外のものでもかまいません。

ただし、「プレゼンの資料を作ったら」のように、同等かそれ以上の負荷のかかる指示を一緒に出しても即効性は発揮されないのでご注意を。

How to read others

「それとも」の効果

警戒心の強いタイプにはorを使って誘導する

用心深い人ほど相手の誘い文句には簡単に乗るまいとふだんから心がけているものです。

「いまなら半額にしますよ」とか「ついでにこの商品もセットでいかがですか」といったセールストークにも、相手の思うツボにだけは絶対ハマるものかと気を張っていることでしょう。

しかし、もしかしたら次のような展開に持ち込めば、こういう人の警戒心を解くことができるかもしれません。

たとえば、カー用品店に行ってオイルの交換作業を頼んだときに「オイル交換だけでいいですか？　それともオイルエレメントも取り替えますか？」と聞かれることはありませんか。

本当はオイル交換だけするつもりだったのに、そう聞かれたことで「じゃあ、エレメントもお願いします」と言ってしまうのです。こんな経験は誰しも心当たりがあるのではないでしょうか。

じつは、こういうケースで**「それとも」という選択肢を使うと、なぜかその後の提示を受け入れる**気になりやすいのです。

「オイル交換と一緒に、エレメントの交換もいかがですか?」となると、過敏な人には意図が透けて見えますが、「それとも」で提示をされると、「こちらはどちらでも構わない。あなたが選択してください」というニュアンスに変わるのです。

指示をする側の目論見はどちらもさほど変わりません。ただ、受け手が押しつけられたと思うか、自分で選択した気になるかの違いです。

しかも、その**瞬間的な気持ちの変化に受け手は気づいていない**ということがミソです。これをうまく使えれば、警戒心の強い相手に望むものを選択させることはさほどむずかしくないのです。

How to read others

「たしかに」の効果

形勢逆転の突破口は「たしかに」にあった！

言いにくいことを口にするのは、どんな人でもイヤなことです。

自分に否があったり、誰かに苦言を呈するような場合はもちろん、気まずい事実を伝えなくてはならないような場面に直面したら、どうやってそこを切り抜けようかと頭を悩ませるのではないでしょうか。

とはいえ、これが仕事であれば逃げてばかりもいられません。自分なりの方法で言いにくいことを伝えてみるしかないでしょう。

たとえば、取引先の意向でこれまで続けていたプロジェクトを１８０度、方向転換させなくてはならなくなったとします。

ここまで一所懸命進めてくれた部下にそのことを伝えれば、「いままでの時間はなんだったんですか」「そんなの、あんまりだと思います」と、いっせいに反発を食らうのは目に見えています。

かといって、そこで先方の意向なんだからしょうがないと一喝するのは得策ではありません。努力が水の泡になったうえに、上司の機嫌まで悪いとなれば、部下たちの怒りは収まるどころかますます増幅します。

こんなときは、「たしかに」と静かに頷きながら、**まずは部下たちの不満を受け止める**ことです。

そして「みんなの気持ちはわかる」と続ければ、少なくとも彼らの怒りはいったんトーンダウンするはずです。それは、**「たしかに」と上司が肯定したおかげで、自分たちの気持ちが理解されていると感じる**からです。

そのうえで、「だけど、きっとこれまでの努力も報われるから、もう一度頑張ってくれないか」と前向きな言葉を続ければ、自然とポジティブな空気が生まれるはずです。

つまり、**「たしかに」という相槌は一発で形勢を逆転できる力がある**というわけです。

How to read others

まきこむ技術

非協力的な人を「当事者」に変えるには？

近年、訪日外国人旅行客は増加の一途をたどっていますが、そんな彼らが語る日本人の特性として真っ先に挙げるのが協調性ではないでしょうか。

順番を守る、行列にきちんと並ぶといった基本ルールを守ることは外国人にとっては驚きのマナーのようですが、子どものころからそれを当たり前と教えられてきた日本人にとっては当然のことです。

もちろん、こうした協調の意識は和を重んじるあまり個性が伸びない、同調圧力が強いといったデメリットもありますが、社会生活においてはやはり必要不可欠であり、どれほど個性的な人でも、日本で教育を受けた人であれば少なからず刷り込まれているメンタリティであるのもまた事実でしょう。

ところで、その刷り込みを利用すれば、いまひとつ協力的ではない人をあっという間に仲間に引き入れることも容易です。そのキーワードは、**「私たち」**という言葉です。

「大変だけど、私たちみんなの力を合わせればきっと乗り越えられる！」

「俺たちの力を結集すれば、どのチームよりもいい結果が残せるから頑張ろう」

職場やスポーツの試合などで、このようなフレーズを耳にした人も多いでしょうが、「私たち」とか「俺たち」と言われると、とたんに使命感みたいなものが生まれませんでしたか。

これは、「私たち」「俺たち」という言葉を持ち出されることで、**当事者意識が芽生える**ことによる効果です。

それまではどこか他人事だったのに、急に仲間のひとりとして信頼されているような感覚に陥り、協力せざるを得なくなる。**和を重んじることの大切さを知る人ほど、この言葉が強く響く**のです。

ただし「俺たち、友だちだろ？」といった使い方は下心が丸見えなので逆効果になります。1対1より、仲間の中の自分を意識させることが肝心です。

How to read others

聞き出す技術

口を割らせるには、まず「枠組み」を設定する

信頼のおける人だと思ってここだけの話だけどと大事な秘密を打ち明けたのに、気がつけばあっという間に知れ渡っていた…。こんな苦い経験はありませんか。

世の中には口の軽い人が少なからず存在するものですが、一度そのイメージがつけば仕事でもプライベートでも信用されません。

ここだけの話と言われた内緒話はもちろん、同僚のプライベートなことや会社の人事や経営状況など、デリケートな内容を知ったらそっと胸にしまっておくのが大人の節度というものでしょう。

もちろん、当たり前のこととして秘密を守るという人もたくさんいますし、なかには自分は絶対大丈夫と口の堅さをアピールする人もいます。

では、逆に相手から何かを聞き出さなくてはならないシチュエーションで、こ

ういう人の口を割らせるにはどうすればいいでしょうか。

試してみてほしいのは、**許容範囲を指定する**方法です。

「話せる範囲でかまわないから」

「ざっくりでもかまわないから」

「3分で話せる範囲で」

このように、最初からすべて話すことを求めずに条件や範囲を提示されるとハードルがスッと下がり、「それくらいならいいかな」というスキが生まれるのです。

しかも興味深いのは、**ひとたび口を割らせることができれば、その先すべてを聞き出すのはさほどむずかしくない**ということです。

「いやもう、これ以上は話せない」などと言いながらも、うまく乗せられて結局は全部打ち明けてしまうケースが多いのはご存知のとおりです。

How to read others

肯定感のパワー

一時的に思考を停止させて〝イエス〟に持ち込む

ものごとを何でも肯定的にとらえられるポジティブ志向の持ち主がいれば、その反対にどんなことでも悪い方向へ考えがちなネガティブ志向な人もいます。

持って生まれた性格といえばそれまでですが、円滑なコミュニケーションを図るうえで肯定感はとても重要です。

よく、なんでも否定から入る人は嫌われるといいますが、たしかに会話をしていて「ちょっと待って、それは無理」とか「いや、でもむずかしいよ」とか「それは違うんじゃないかな」といったネガティブワードを連発されると気が滅入ってしまいます。

仮に言い分を否定するにしても、いったん「うん、そうだね」と受け入れてから「ちなみに、こういう考え方もあるよ」とすることで、場の雰囲気は一気に変わってくるものです。

それと関連して、こうした**肯定感を利用して、通常なら簡単に引き出せないイエスを相手から引き出す**こともできます。

たとえば、話を聞くときに「そうだね」とか「僕もそう思うよ」とひたすら相槌を入れます。当然、話すほうも肯定されることで気分がよくなり、さらに会話は弾みます。

その雰囲気ができあがったあたりで、サラッと「そういえば、この前の案件は僕が提示した方向で進めていいよね？」というように、**同意を求めたい質問を織り交ぜてみる**のです。

そうすると、その場の流れでつい「いいよ」と頷いてしまうのです。いともあっさりと、相手の同意を得ることができるわけです。

肯定的なコミュニケーションはその場の雰囲気を円滑にするうえ、その場にいる人は、それを壊すのは嫌だと無意識に感じるのです。そうなると、いわば思考が停止した状態になり、とっさに承諾をしてしまう可能性が高くなります。

How to read others

連帯感のカラクリ

「〜ですよね」の語尾で、方向性を〝先取り〟する

日本語とは繊細なもので、助詞が違うだけでまったく違うニュアンスになることがあります。

最近は企業の新人研修などでも指導があるかもしれませんが、たとえば営業先で応接室に通され、「お茶がいいですか? それともコーヒーがいいですか?」と聞かれたとき、「お茶でいいです」という答え方はNGです。

正解は、「お茶がいいです」や「お茶をお願いします」という答え方です。「お茶でいいです」は、どうしても「その二択だったら、まあお茶でいいや」といったニュアンスが出てしまうのは否めません。

また、語尾についても使い方しだいで、相手との距離感が変わる場合がありますが、おすすめしたいのは**語尾に「○○ですよね」とつける**言い方です。たとえば、

「先方に出す見積もり、A案でいいですか？」

「先方に出す見積もり、A案でいいですよね？」

この2つは、受け手のニュアンスがかなり違います。

どちらが同意を得やすいかといえば一目瞭然、後者のほうがOKを出しやすいのです。

「いいですか？」という聞き方は、相手にYESかNOを求めるいわゆるお伺いです。

一方の「いいですよね」という問いかけは、双方の間に不思議な連帯感を生み出します。見積もりを実際に作成したのが誰なのかにかかわらず、「A案でいいですよね？」という言葉には、私たちがつくり、私たちが提案する見積もりというニュアンスが生まれるのです。

このケースでは、よほどのことがない限り、相手はあまり間をおかずにYESの意思表示をしてくれるはずです。

How to read others

迷いを断ち切るコツ

利害関係のない第三者の話をまぜてみる

オレオレ詐欺やＳＮＳがらみの犯罪など、昔は存在しなかった事件が多くなり、社会に対していままでとは違う警戒心を持つ人が増えてきました。

性格的なものもあるので、どんな場合でも石橋をたたかずに渡ってしまう人もいれば、石橋をたたき壊してもなお渡らない人もいます。いずれにせよ、心配性な人には不安のタネが尽きない世の中なのかもしれません。

とはいえ、慎重すぎる人を相手にするのは骨が折れるものです。

たとえば商談で、自社のすすめる製品ついていくらわかりやすく説明しても「いくらなんでも安すぎるんじゃない？」「こんなムシのいい話、逆に心配だよ」「これで、おたくは儲けが出るの？」「騙そうとしてないよね？」などなど、もはや失礼とも思える質問をぶつけてくる人はたまにいます。

こういう人の深層心理には「うまい話に飛びついて騙されるのは嫌だ」という気持ちに加え、「自分だけがババを引かされるのではないか」という**被害妄想にも近い警戒心**があります。

では、どう対応すればいいのでしょうか。もっとも効果的なのは、「みなさん、そうおっしゃいます」とか「ご案内した方の全員が同じ質問をされるんですよ」という言葉を返すことです。

自分だけがソンをしたくないと思っている人には、何をおいても真っ先にほかの人も同じような疑問を持っていることを伝えます。

すると、その言葉を聞いただけで不信感を抱いているのは自分だけではないんだと察知し、不安から安心へとスッと心が傾くのです。

この言葉だけでも、ほかの人はそのうえで購入している事実は伝わりますが、さらに購入の決め手についての具体的なフォローがあれば完璧でしょう。

心配性の人の不安を一気に氷解させるには、**利害関係のない第三者の言葉を引き合いに出すのが手っ取り早い**というわけです。

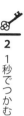

How to read others

無理を通す技術

正当性に疑問符がつく理不尽な要求を通す〝瞬間ワザ〟

無理が通れば道理が引っ込むということわざがあるように、政治に経済、職場や身近なご近所問題まで、たしかに世の中には理不尽だと思うことが多々あります。

ただ、自分だけはそんな無理な要求はしたくないと思いつつも、ときには無理を押し通す側になってしまうこともあるでしょう。

自分でも無茶だと思うようなことを波風立てずに納得させることなどできるのか。たしかにむずかしいことですが、ひとつ試してほしい方法があります。

それは、**無理難題を要求するときに理由をセットで述べる**ことです。

何を当たり前のことをと思われるかもしれませんが、たとえば次のような例を想像してみてください。

空港のトイレに並んでいるときに「フライト時間が迫っているので、申し訳ないのですが先を譲っていただけませんか」といきなりまくし立てられたとします。さてどうするかというと、よほど自分も切羽詰まっていない限り、なんとなく「はあ、どうぞ」と返してしまわないでしょうか。

よくよく考えれば、ほかにもトイレはあるし、飛行機に乗ればそこにもトイレがあるのにとも思いますが、「フライト時間が迫っているので」という理由を先に言われたことで深く考えずに「じゃあ、しかたがないか」と返答させられてしまうのです。つまり、こういうとっさの場面においては、**要求に対する理由の正当性は問われない**ことが多いのです。

仮に会社に予期せぬ来客があったら、同僚に「悪いけどお相手を頼みます」と言うだけでは怪訝な顔をされますが、「どうしても1本電話をかけなくてはならないので」と理由を足せば、すぐに引き受けてくれるはずです。

コツは**早口で、パニックになっていることを強調する**こと。とっさに無理を押しとおす裏ワザとして覚えておいてソンはないはずです。

How to read others

あえて聞かない

否定的に言うだけで真っ先に相談したくなる

たとえば、風のウワサでどうやらAが離婚したらしいという情報を耳にしたとします。

大事な友人が人生のピンチに陥っているとき、なんとか力になりたい気持ちはわかりますが、こういうときにすぐさま電話して「離婚したって聞いたんだけど、ホント?」などと、**コトの顛末を根掘り葉掘り聞き出そうとするのはデリカシーに欠ける**行為でしょう。

この場合は、A自身が誰かに話を聞いてほしいと思うまでそっとしておくのが礼儀というものですが、じつはそんな口が重い状況にある人でも、瞬間的に話を聞いてほしい気にさせる裏ワザがあります。

それは、**あえて否定的なニュアンスの言葉をかける**ことです。

ふつう、相手の心を開かせようとするなら「自分でよかったら聞くよ」とか「なんでも話してみて」などと、受け入れる気持ちをポジティブな表現に変えて声をかけたくなるところですが、状況によっては押しつけがましさが出てしまい、かえって逆効果になることも少なくありません。

そこで、「誰にだって話したくないことはあるよね」とか「無理に聞こうなんて思わないよ」などと、あえてネガティブな要素を含んだニュアンスの言葉をかけてみます。すると、その**否定的な表現が逆に心に刺さって「この人になら話してみよう」という気持ちに変わる**のです。

親に「勉強しろ」としつこく言われるとやる気が失せるのに、「いいから気がすむまで遊んでいなさい」などと皮肉っぽく言われると、勉強しなくてはと焦る気持ちが生まれるのと同じです。

自分が望むことをあえて否定して伝えれば、相手はその言葉にハッとして気持ちが変わるので、結果的に自分の意のままに操ることができるというわけです。

How to read others

語順の入れ替え
イヤな感じの「もの言い」がかえって相手に響くケース

愛想を言うのは苦手という人も多いでしょうが、実際、ほめ上手になると人間関係がうまくいくものです。

身近な恋愛関係でいえば、女性が男性に対して「そんなことにも詳しいなんて、物知りでスゴイ！」とか「それほど大きな仕事を任されるなんて、仕事がデキる人なんだね」とほめ讃えれば、たとえそれが少々大げさだったとしても悪い気はしません。**ほめ上手になれば、それだけ自分の印象もよくなる**というものです。

もっとも、しらじらしいウソはいけませんが、長所をやや強調してほめるのは、コミュニケーションをとるうえでのひとつのテクニックといえるでしょう。

さらに、相手を気分よくさせるもうワンランク上の方法もあります。それはズバリ、**語順を入れ替える**だけです。たとえば、こうです。

「物知りでスゴイ！　そんなことにも詳しいなんて…！」

「仕事がデキる人なんだね。それほど大きな仕事を任されるなんて…！」

文字面だけを見ているとそれほど大きな違いを感じないかもしれませんが、実際に口にしたときの印象はだいぶ変わります。語順を入れ替えたあとのほうが、より**感嘆や尊敬のニュアンスが色濃くなる**のです。

ただでさえほめられればうれしいのに、そこに尊敬の念が加われば、喜びは感動にまで格上げされます。こうなれば、ほめた側の好感度も一気に格上げされるというわけです。

もちろん、男女関係のみならず、ビジネスでもおおいに活用できます。

「それはナイスアイデアですね！　いままでにはなかった…」

「御社とお取引できて光栄です。会社としても、私個人としても…」

こちらはまたニュアンスが異なり、語順を入れ替えることで〝ホンネ感〟を演出できます。

些細なことですが、その場における瞬間的な効力は絶大です。

How to read others

反論の作法

理不尽な扱いに対しては〝静かな怒り〟で瞬殺する

世の中には、どうしたらそんなに気性が荒くなるのかというほどいつも怒っている人がいます。

自分の思い通りにならないと腹を立て、相手に危害を加えんばかりに当たり散らす。こんな人が職場にいると社内の雰囲気が悪くなるばかりか、業務に支障をきたしかねません。

それでもまだひとりでイライラしているくらいなら見て見ぬふりもできますが、突然、こちらに害が及ぶこともあります。

たとえば、そんな人に「お前がちゃんとやらねえから、俺にお鉢が回ってくるんだよ」とか、「毎日ダラダラして、仕事してんのか」などと、理不尽な侮辱を受けたらどうでしょうか。こういうとき、ふだんはその振る舞いに目を瞑っていたとしても、**ここぞというときは毅然として声を上げる**べきです。

問題はその声の上げ方です。間違っても相手と同じように感情的な物言いはしてはいけません。

まずは感情をグッとおさえて、落ち着いた表情で相手の両目を見据え、こう言い放つのです。

「その理不尽な侮辱は受け入れかねます。謝罪してください」

やさしい人ほど怒らせてはいけないという言い方はよく耳にしますが、たしかに日ごろは穏やかな人が豹変することほど怖いものはありません。

逆に、ふだんから感情を抑えられずあちこちに暴言を吐いているような人は、いざこうした〝冷静な怒り〟を突然向けられると、一瞬たじろいでしまい、借りてきた猫のようにシュンとおとなしくなったりします。

それでも、相手が抵抗してきたら、**受け入れてもらえるまで謝罪を要求**しましょう。そうすればみるみるトーンダウンして、二度とあなたに暴言を吐いたりはしなくなるはずです。

3
1秒で動かす

How to read others

矮小化

大きく見せたいなら、小さな受け皿を用意する

人間の目には、心理学的にごまかされやすいという一面があります。

たとえば、外食で大盛りのごはんを注文して、ごはん茶碗に山盛りのごはんが出てくると思わず目を見張るものです。しかし、隣で普通盛りを食べている人と比べるとごはんの量がそれほど多いわけではないことに気づきます。

思わず目を見張ったのはなぜなのか、あらためて考えると、大盛りのごはんは茶碗が少し小さめなのです。小さい茶碗にごはんを山盛りによそうと、たしかに大盛りに見えるものです。

これを店でやられると少々腹が立ちますが、ダイエットにうまく利用することもできます。痩せたい、でも食べたいというときには**器を小さくしてみる**のです。すると、同じ量の食事でもたくさん食べたような気になり、満腹感が得られます。

ようするに、**何と比較するかによって受け止め方が大きく変わってくる**のです。

真夏のプールの混雑状況を表すのに「まるで芋を洗うような人混み」という言い方がありますが、じつは、プールそのものが小さいのかもしれません。「店内には商品があふれかえっています」という店にしても、店そのものが小さいこともあるのです。

このような思い込みは、ビジネスにもよく利用されています。

「いまなら新発売の記念セールで、なんと5０００円引き！」などというポップを見ると思わず身を乗り出してしまいます。

しかし、２万円の商品の5０００円引きと、10万円の商品の5０００円引きとでは、受ける印象がまったく違います。

もともとの値段が高額の商品であれば、5０００円の値引きもありがたみが半減します。大切なのは、元はどうなのかということです。

売るほうは、**消費者が瞬間的に錯覚を起こすのを狙っている**こともあるので注意したいものです。

How to read others

笑顔の見せ方

ミスした相手には、あえて笑顔で向き合おう

待ち合わせの時間が過ぎても相手がなかなか来ません。どうやら遅刻のようです。といっても、イライラしたり「何と文句を言ってやろうか」などと考える必要はありません。それはとてもラッキーな出来事だからです。

遅刻した相手が現れたら、まず満面の笑みを浮かべます。そして、しぐさで「ああ、会えてよかった！　本当にうれしいよ！」と大歓迎してあげてください。

相手はおそらくキョトンとするはずです。絶対に**怒っていると思い込んでいた相手が正反対の態度をとった**のですから。しかし、そこがミソです。

遅刻した人は、とても申し訳ない気持ちでやってきます。「会ったら何と言って謝ろう、今日は何かご馳走してあげよう、ああ、本当に悪いことをした」と気分は超低空飛行です。

いわば、**マイナスからのスタートになる**わけです。そのプレッシャーは、想像以上にかなり大きなものです。

ところがいざ顔を見ると、怒っているどころか大歓迎です。不機嫌な様子などまったくないどころか相手はひたすら笑顔です。それを見れば「ああ、よかった！」と心の底から安堵するはずです。

そして、待たせたのに文句のひとつも言わず、自分と会えたことを素直に喜んでいることに対して心底感謝するはずです。

マイナスになることばかりを予想していたら、**意に反して大きなプラスだったというギャップ**は図り知れません。相手の懐の深さ、人間の大きさを感じるはずです。つまり、会って数秒間で、すっかり自分の虜にさせたわけです。

このように、ミスを犯したり失敗したときは、それを許すことで相手の気持ちをグッと引き寄せることができます。

感情的にならず、冷静に行動してその一瞬を待ちたいものです。

How to read others

弱点と向き合う

隠すよりも、あえてさらすことで優位に立てる

ビジネスでも日常生活でも、初対面の人と会うときはつい、いい服を着ていこうとするものです。相手にみくびられてはいけない、バカにされないようにしようという心理が働いて、スキのない外見をしようとするのです。

同じことは、服装だけでなく内面にもいえます。欠点は見せずにいいところだけを見せよう、長所をアピールして相手に認めてもらおうと考えて思わず気を張るものです。

しかし、それが必ずしもうまくいくとは限りません。欠点を見せまいとするあまり緊張して、かえって弱点をさらけ出すことも少なくありません。隠すつもりがかえってさらけ出すことになってしまうと、焦りが募り、劣勢になってしまいます。

ただ、誰にでも欠点や弱点はあります。それらも「込み」でひとりの人間なのです。だったら、隠す必要などありません。

仮に優位に立ちたいと思うなら、むしろ**最初から弱点をさらけ出す**べきです。**手の内をすべて見せてしまう**のです。これなら時間もかからないでしょう。

どんなことでもかまいません。ふだん引け目に思っていること、隠したいコンプレックス、そんなものがあれば自分から伝えます。

入社試験に何度も失敗している、学歴を誇れないといったことでもいいし、言葉に訛りがある、背が低いことが子供の頃からの劣等感だったでもかまいません。

大事なことは、**自分の弱みを自分から率先して露出する**ことです。そのひと言が、相手の気持ちをわしづかみにします。

初対面なのに、自分の弱点を率直に話してくれるなんて、なんて懐の深い人なんだろうとなって大きな信頼感を抱いてくれるはずです。

How to read others

空ボメ法

義理でホメたいときは、可能性を匂わせる

人をほめそやして持ち上げる――。できればあまりやりたくないことですが、どうしてもそうしなければならないときもあります。

初対面にもかかわらず仕事で今後お世話になる人や、婚約者の両親や家族、子供の同級生の親など、長いつき合いになりそうな人にはできるだけいい印象を持ってほしいものです。

そんなときは、特に理由がなくても**義理で相手をホメるということも一種の方便**です。ホメられていやな気持ちになる人はいないし、逆に親近感を持ってもらえます。その後のつき合いにもプラスに働くはずです。

とはいえ、相手のことをあまり知らない場合には、何をホメればいいのかわからりません。ホメるネタもないのにどうやって…と思いがちですが、そんなときは

可能性を匂わせるという考え方が効果的です。

言い換えれば、いまはまだわからないけど、将来はきっとこうなるだろうという予想をして、それについて**賛辞を贈るだけ**です。

たとえば、ビジネスの相手であれば「あなたのように英語が堪能なら、これからは外国の企業との契約も増えるでしょうね」と言うだけです。

また、新築の家を訪問した際には「これだけ庭が広いと、季節の移り変わりが楽しみですね」とか、子供の友達の親が相手なら「○○君は活発で機敏だから、将来はスポーツ選手になって活躍しそうですよね」といった具合に、これからが楽しみなことを探して、それを**前向きな言葉で持ち上げる**のです。

目に見えるものではなく、まだ実現されていない今後のことをホメるのは、なんだかただのお世辞のような気もしますが、効果は絶大です。

そういう可能性もあるのかと、新しい将来像のヒントをもらったように受け取る人もいるはずです。**そのひと言が一瞬にしてお互いの距離を縮める**こともあるので、ぜひ試してみてください。

How to read others

沈黙法

本音が聞きたいなら沈黙を恐れてはいけない

家族や親せきはもちろん、親しい友達でもなかなか本音を言わない人がいます。「本当の気持ちを話してほしい」とどんなに言っても、けっして本心を語らないのです。そんな人から本音を聞き出すのはどうすればいいのでしょうか。

本音を言わない人の多くは、元来他人と関わりたくないという気持ちが強いものです。幼少期に、たまたま誰かが自分の悪口を言うのを聞いたとか、友人と仲よくしようとしたのにダメだったなどの体験があり、いつの間にかホンネを他人に語ることを恐れるようになった人が多いのです。

そういう人は、当たり障りのない、うわべだけの言葉しか口にしません。

たとえば、「会社を辞めたい」とか「学校に行きたくない」といった深刻な悩みを抱えていても、その理由についてくわしくは言いません。なぜなら、心の底に「どうせまた、誰も理解してくれないだろう」という諦めがあるからです。

こういう人に「話せ」とばかりに強くせかしたところで、ますます口を閉ざすだけで何の問題の解決にもなりません。

では、どうすればいいのかというと、たとえ相手が黙り込んでいても、その**沈黙を恐れない**ことです。「何か話さなければ会話が進まない、黙ったままでいても困るだけだ」と思い始めるのを待つのです。

そして何でもいいので、言葉がちょっとでも出てきたら、それを全面的に受け止めます。ちゃんと聞いてるよ、気持ちはよくわかるよという思いを伝えます。

よけいな返事はせずに、**静かにうなづくだけでも十分**です。相手は**認められることを最も望んでいる**のですから、それでひと安心するはずです。

沈黙が長くても気にする必要はありません。たった**ひとつでも言葉が出てきたら、それを大切に受け止めることで次々と語り始める**はずです。

沈黙こそが金です。あえて黙ってみるということが最も確実な早道だということです。

How to read others

突き放し法

「やるな！」と言われると、なぜかやる気になる人間心理

特に忙しいわけではないし、ほかにやることがあるわけでもない。なのにどういうわけか、まったく意欲が湧いてこない――。やるべきことに手をつけずにダラダラしている人というのはどこにでもいるものです。

エンジンのかかりが遅くて、仕事や勉強を放置したままでどう考えてもムダな時間を過ごしている。そんな人を見ると、ついイライラしてしまいます。

なんとかしてやる気を出させるために「いま、それをやらないと、ほかの人が困るんだよ」とか「次にやることも決まってるんだから、急いでそれを片づけてくれよ」などとゲキを飛ばしたくもなります。

しかし、そうしたところで人間というのは簡単には変わりません。やる気が出ないときは、どうにもこうにも動き出せないものです。

では、どうすればいいのでしょうか。

じつは、一瞬でエンジンを始動する方法があります。「やらなくていい！」「ほかの人に頼むから、君はもういいよ！」の**ひと言で突き放す**のです。

これで即座に態度が変わるはずです。

人間は、禁じられれば禁じられるほど、それをしたくなったりほしくなったりするものです。最近太り気味だから甘いものは我慢しようと思うと、いつも以上に甘いものを食べたくなるのと同じです。

あるいは、医者に煙草をやめるように言われると、いつも以上に煙草が吸いたくなります。似たような経験は誰にでもあるでしょう。

「それはダメだ」と言われたものに対しては、逆に激しい執着心を燃やすのです。

そのことを利用して、やる気のない人には「だったら、やるな」というスタンスをとるのです。

時間をかけてあれこれ説得する必要はありません。このひと言でやる気のスイッチをオンにさせることができるはずです。

How to read others

自慢話の対処法
ほめて、持ち上げて、さっさと立ち去る

自慢話や大風呂敷を広げた話というのは、話している本人は気分がいいものですが、聞かされるほうにとってはたまったものではありません。あまりのうっとうしさに「わかったわかった、もういいよ」で終わらせる人も多いでしょう。

しかし、それが会社の上司など目上の人だと、途中でさえぎるわけにもいきません。「早く終われ」と祈りながらも最後まで聞かざるを得なくなります。

それを避けるためには、ともかくほめちぎることです。

「すごいですね！」「素晴らしい考えですね！」「あやかりたいものです！」など、表現方法は何でもいいのです。ともかく相手を持ち上げて、いい気分にさせることが大切で、それできっぱり立ち去ればいいのです。

なぜこの方法が効果的なのかというと、**自慢話をしたがる人は、いわば名誉欲**

の塊だからです。

言い換えれば、他人からほめられたい、認められたい、注目されたいという願望が人一倍大きいのです。その願望を満たすために自慢話をしているといっても過言ではありません。

そこで、それを逆手にとってみましょう。

いざ自慢話が始まったら、いかにもそれに感動しているかのような表情を浮かべます。そして、冒頭に挙げた**ほめ言葉で相手を徹頭徹尾、持ち上げる**のです。

相手はそれを待っていたわけですから、言われた瞬間に大満足するはずです。そうして十分に自尊心が満たされれば、目的をほぼ達成したようなものです。

そこで、サッとその場から立ち去るのです。聞き役としての役目はすでに終わったようなものなので、そこで立ち去っても何も文句は言いません。

ともかく、**ほめたあとで素早く消える**のがコツなのです。もし、いつまでもその場にいたら、「もっと聞きたいのか」と勘違いされて、自慢話に延々とつき合わされることになります。

How to read others

まくし立てるタイプの扱い方

勢いを一瞬で止める話の聞き方

早口の人は、どこにでもいるものです。ものすごい形相でまくしたてて、言葉を差し挟むスキを与えないのです。

まるで何かに取りつかれたように、ひたすら口を動かして声高に話し続ける様子を見ていると、よほど自分に自信があるのか、あるいは面白くて価値のある話をしていると信じているように見えます。

しかし、一見自信満々のように見えますが、じつは真逆で、まったく自信がないので早口になっていることもあります。

つまり、途中で反対意見を言われたり、疑問を口に出されると言い返す自信がないのです。だから早口でまくしたてているわけです。ようするに、ともかく急いで最後まで話してしまいたい状態なのです。

こういう人の話を途中でさえぎるとかなり動揺します。何か言われるのではないか、自分の話におかしなところがあるのではないかと考え、急に疑心暗鬼になったり、プレッシャーを感じたりするのです。

そこで、その話に疑問や反論がある場合は、**思いきって話をさえぎる**のもひとつのやり方です。たったひと言でも切り込んでいけば、一瞬にして相手は弱気になり、その後はまくしたてられることもないはずです。

逆に、いい関係を続けたい場合には、何も口を挟むことなく**最後まで黙って話を聞いてあげればいい**のです。

あなたの話をちゃんと聞いていますよ、だから安心して話してくださいという気持ちを伝えれば、最後まで気持ちよく話し続けることができるし、またそうさせてくれた相手に対して好感をいだくはずです。

まくしたててくる人には、ついそのペースに呑み込まれがちですが、じつはどう対応するかによって思い通りにすることができるのです。

How to read others

姿勢の法則

ふんぞり返る姿勢を相手はどう見ているか

2人で向き合って話しているとき、どちらもきちんと行儀よく腰をかけているとは限りません。

どんな格好をしているか、どんな姿勢をしているか、それを注意して見ていると、2人の人間関係や、相手に対してどんな気持ちを抱いているかがはっきりわかることがあります。

たとえば、ひとりはきちんと正面から相手と向き合っているのに、もう片方の人は、ちょっと斜めに座っているとします。いまにも席を立って、その場を立ち去りたいという雰囲気がありありとわかるのです。

そういう場合、その人は相手に対して好感を持っていないどころか、会話そのものを早く切り上げたいと思っているのが伝わってきます。

人間は正直なものです。たとえ本心を隠しているつもりでも、そういう感情というのは秘められることなく、態度や表情に出てしまうものです。

それを踏まえたうえで、相手に対する気持ちを姿勢やしぐさで伝えることができると便利です。ちょっとした姿勢やしぐさで、相手に自分の本音を伝えることができるのです。

たとえば、話を真剣に聞きたいと思ったら、**テーブル越しに身を乗り出し、相手の目を見る**だけでその気持ちが伝わります。

逆に、あまり好意を持っていなくて、できれば距離を置きたい相手であれば、**上半身をうしろに傾けてふんぞり返る**姿勢をとります。こうすると2人の間に距離ができ、空々しい雰囲気になって嫌悪感が伝わります。

最初から断ることが決まっている場合や、これからのつき合いを考え直したい相手の場合には、姿勢ひとつで率直な気持ちを伝えることもできるので覚えておくと便利です。

How to read others

喧嘩の仕掛け

本音を探りたいときは〝ハッタリ〟をかます

ウソも方便といいますが、とっさのウソを利用して相手の本音を探り出すことができます。

そこで、この人が言ってることは信用できないと思ったら、**ハッタリをかますつもりでちょっとした罠をしかけてみる**といいでしょう。

たとえば、「せっかく誘ってくれたのに、昨日は行けなくてごめんね。急に熱が出て、○○病院に行ったんだ」などと言い訳されたものの、どうもあやしい、もしかして仮病じゃないかと勘繰ったとします。

だからといって、まさか「それホント？　仮病じゃないの？」とは言えません。

こんなときは、「え？　○○病院て、たしか昨日は休診日だよね」とハッタリをかましてみるのです。

もしも本当に病院に行ったのなら、「昨日はちゃんとやってたよ。注射してもらって薬も出してもらったよ」と返してくれます。そうしたら「そうだったんだ。それは大変だったね」と受け流せばいいのです。

もしもウソをついていたら、「え？　いや、そうだっけ？」と、しどろもどろになるでしょう。○○病院が休診日だったのかどうかは知らないのですから、たしかな返事ができないからです。

やっぱりウソをついてるなとわかったら、2人の関係が気まずくならないように、「あ、やっぱり勘違いだった。休診日じゃないよね」と訂正すればいいのです。**ウソをついてることが確認できたら、あとはおおらかな気持ちで受け止める**だけです。

相手がウソをついたことはわかりましたが、それを確認するために自分もウソをついたわけですからお互いさまです。ほかに何かよほどの理由があったのだろうと思って、さっさと忘れることも大切です。

How to read others

ポーカーフェイスの効果

ピンチにあることを相手に悟らせないコツ

世界的な大ヒット映画の007シリーズは、誰もが一度は観たことがあると思います。映画の中でジェームズ・ボンドは、どんなピンチに陥っても、いや、むしろ絶体絶命のピンチであればあるほど、美女に向かってニッコリと微笑み「大丈夫だよ」と声をかけます。すると、さっきまで悲壮な顔をしていた彼女も思わず笑顔を返してくれます。

映画だから笑えるけど、実際はそうはいかないという人も多いと思いますが、しかし、ふだんの日常生活でも、この**ポーカーフェイスの効果はけっしてあなどれない**のです。

予想もしなかった事態が起こり、どうしていいかわからないとき、多くの人は焦ったり慌てふためいたりして、それが表情や態度に出てしまいます。

しかしそんなときこそ、あえてニッコリ笑い、冷静になるのです。あくまでもポーカーフェイスを保ち続けることで自分自身も落ち着くし、気持ちに余裕ができれば何かうまい解決方法が見つかるかもしれません。

たとえば、恋人とふたりで豪華なディナーを楽しみ、いざ会計というときになって財布に小銭しか入ってないことに気づいても、その場でジタバタしたり店の人に泣きついたりしないことです。そんな姿を見せたら、なんて小さい男だろうと思われるのがオチです。

そんなときはどっしり構えて、「じゃあ、先に帰っててくれるかな。ぼくは皿洗いして帰るから」などと、**笑顔でジョークを飛ばしてもいい**でしょう。

たとえ解決方法が見つからなくても、少なくとも彼女はどんな局面でも落ち着いていられる人だと見直してくれるはずです。

たしかに、とっさの事態におおらかな笑顔と軽い冗談が出るかどうかはなかなかむずかしいところです。しかし、その一瞬の対応がオトナとしての評価を分けます。思い切って腹をくくることが大事なのです。

How to read others

ボディタッチの効果

瞬間的な接触で相手の背中を押す方法

セクハラが問題視されることの多い世の中です。特に相手が異性の場合は、身体に触れることは要注意です。大きな問題にならないとも限りません。

たとえ同性であっても、日本人は身体の一部が触れ合うことに対して欧米人ほど寛容ではありません。不用意に他人に触れると、「失礼だ」と受け取られるので、必要以上に人に接近しないように気をつけている人もいます。

しかし逆にいえば、そんな環境だからこそ、触れるということが特別な意味を持ちます。ならば、即効性のある心理的効果を与えるワザとしてこれをうまく活用しないという手はありません。

こんな実験があります。AさんからBさんへお願いごとをします。①目を合わせる、②1メートルまで近づく、③45センチまで近づく、という3つのパターンで試してみると、距離が近いほうがお願いごとを受け入れてもらえる確率が高くなったのです。

ということは、近づくだけでなく**ボディタッチをすれば、相手の懐に飛び込んで要望を聞き入れてもらえる効果が期待**できます。

たとえば、おじいさんが孫に「あれ買って」とおねだりされるとき、膝に乗って甘えた声を出されると断りきれないといった光景をよく目にします。

また、下世話な話ですが、妻が夫に何かをお願いするときはベッドの上だと成功率が上がる、といった話もよく聞きます。

あるいは、仕事上の難題を依頼する場合、相手との距離を縮めて、軽く手に触れながら「頼むよ、きみしかいないんだ」と言えば、断りにくくなるといったこともあります。

もちろん、**過剰なボディタッチは問題になるので禁物**です。しかし、相手を不快に思わせないくらいの瞬間的な軽い接触であれば、要望を通すための強力な武器になるはずです。

How to read others

ハロー効果

ひとつの権威が、無条件に信頼感を増幅させる

友人に連れられて、一緒にレストランで食事をしているとします。

友人は「この店すごくおいしいでしょう？」とおいしそうに食べていますが、正直なところ自分はあまりおいしいとは思えない…、そんな経験がある人も多いのではないでしょうか。

そんなとき、その友人がこうつけ足したらどうでしょうか。

「料理評論家の○○さんが絶賛してる店なんだよ」、あるいは「ネットで星が5ついてるんだよ」。

こんなふうにささやかれると急に料理の味が変わったり、あるいは自分の舌が悪いのかなと疑ったりしてしまいます。

権威に弱い人は少なくありません。最初は疑っていることでも、たったひと言

つけ足されるだけで、急に信憑性が出てきて説得力が増すことはよくあります。

これは**ハロー効果**と呼ばれる心理効果です。ひとつの権威が、無条件に信頼感を増幅させるのです。

これを逆手に利用すれば、地位や身分などを利用して相手の感情を動かすことができます。

たとえば「経済学者の○○さんが言ってたんだけどね…」とか、「○○大学の先生が研究したらしいんだけど…」と言うだけで、信用度とリアリティがグッと上がります。**「本で読んだけど…」のひと言だけでも効果は絶大**です。

自分の意見や考えでは相手は信用しないと思ったら、あらかじめ高名な専門家や著名人の意見や発言を調べておき、それをうまく会話に折り込めば信用度は大きくアップするはずです。

まるで、**人のふんどしで相撲をとる**ようですが、日常生活でもビジネスシーンでも効果的な方法です。

How to read others

部分回避法

やんわり断るには〝マイナス感〟を演出する

どんな場面であっても、断るというのはむずかしいものです。

誘われたり、お願いされたり、賛同を求められたりしたとき、何の抵抗もなく「NO」と言える人はなかなかいません。

人間関係にヒビが入らないようにして、気を使いながら断ったつもりでも、相手の表情が曇ったりするだけで、「ああ、申し訳ないことをした。どうか嫌われませんように」と心の中で祈るばかりです。

欧米人はよく「YES」「NO」をはっきり伝えるのがうまいといわれますが、日本人には苦手な人が多いようです。つい、あいまいな態度をとってしまい、相手を戸惑わせたり、誤解されたりするものです。

しかし、気まずくならないためのうまい断り方があります。それは、全面的に拒絶するのではなく、**部分的に断る**という方法です。

たとえば、今度の週末に買い物に行こうと誘われたとします。趣味の合わない相手なので、一緒に買い物をしても楽しくなさそうです。できれば断りたいのですが、「あなたとは行きたくない」とはっきり言えばカドが立ちます。

そこで「いいね、私も買い物したかったんだ」と、一度は承知します。そのうえで、「ああ、でも来月はアパートの更新でお金が入用だから、買い物は我慢しておくよ」と言うのです。

ようするに、誘いそのものはOKしているのだけど、経済的な事情があって、やむをえず断るしかないということを伝えるのです。

つまり**「経済的な事情」という一部分のマイナスを自分で演出する**のです。更新さえなければお金も自由に使えるし、ぜひ一緒に行きたいのだけどという気持ちを伝えることが肝心です。

相手の申し出を全面的に拒否して傷つけたくないときは、この**「部分回避」**による断り方が便利です。

How to read others

くさびを打ち込む話し方

「またあの話か…」と思ったときの瞬殺ワザ

相手が話し始めたとき、この話は前にも聞いたことあると気がつくことがあります。場合によっては、3度目、4度目ということもあります。

いかに面白い話や有益な話でも、何度も繰り返されるのはうんざりするものです。ましてや、話の展開や冗談、話のオチまでまったく同じだと、どう反応すればいいかわからなくなります。

これが友達や家族であれば「その話、聞いたよ」で終わりですが、会社の上司など自分より目上の人だとなかなかそうはいきません。結局、すでに知っている話を何度も聞かされる羽目になるのです。

できることなら、相手を傷つけたり気分を損ねたりしないようにして穏便にその話を終わらせたいものです。

そんなときに便利なのは「**それ、この前の話の続きですね**」「**この前とは切り口が違うんですね**」というひと言です。なるべく**明るく言うのがコツ**です。

これで相手は、「あ、前にも話したのか」と気づくはずです。しかも明るい表情で言われるので、「この話、喜んでくれたんだな」と安心するはずです。これならカドも立たないし、気まずい空気も回避できます。

いってみれば、「**くさびを打つ**」という感覚です。

そうなれば、相手は話すのをやめるだろうし、たとえやめなくても短く切り上げたり、別の話をしてくれるはずです。同じ話を2度聞かなくてもすむうえ、相手のプライドも傷つきません。

もちろん、同じ話を何度もしようとするのは、よほどその話を聞いてほしいか、相手にプラスになると思っているからかもしれません。

その気持ちに気づいたら、同じ話とわかっていても黙って聞くことも大切です。

How to read others

占い師の心理術

なんでもいうことを聞かせてしまう占い師の心理トリック

自分の意見や提案を受け入れてほしいけれど、この相手ではむずかしいかもしれないという状況になることがあります。

このような場合、相手の気持ちや立場も考えず、強引に自分の主張だけを押しつけようとしても、かえって反発を招いてしまいます。

そこで、事前に相手がそれを**受け入れやすくなるような土台をつくってしまう**という方法があります。占い師のようなモノの言い方にすりかえればいいのです。

ほとんどの占い師は、開口一番に「あなたは何にでも一生懸命に頑張ってる人ですね」「人のことをあれこれ思いやることのできる優しさの持ち主ですね」といった内容から始めます。

いわば、話の「ツカミ」です。

こう言われたらほとんどの人は、確かにそうだ。この占い師は自分のことをよくわかってくれていると信じ込み、信頼感を抱き始めるのです。

しかし、よく考えてみれば、多くの人に当てはまる最大公約数的な表現なのでハズレはほとんどありません。

いったん、この占い師は自分のことをよくわかってくれてると思わせることができれば、その後でいろいろな〝占いの言葉〟を口にしても、相談者はそれを素直に受け取るようになります。

そこで、これを応用しましょう。

「自分では気づいてないみたいだけど、あなたはまわりを和ませる天才」「あなたが、ふだんからいろんなことに我慢して頑張ってるの、知ってる」といった言葉をかけることで、あっという間に「よき理解者」だと勝手に思い込みます。

そうして下地をつくっておけば、多少強引なお願いもすんなり受け止めてくれるはずです。

How to read others

呼吸合わせのコツ

息遣いをシンクロさせることを心がける

初対面の相手と話すのは誰でも緊張するものです。

しかし、なるべく早めに信頼関係をつくりたい場合には、その緊張感を取り去って、お互いの気持ちを通じ合わせるべきです。

そのためには、何らかの言葉をかけるよりも前に、まず相手の呼吸に注目してみてください。そして、相手の呼吸に自分の呼吸を合わせてみるのです。「息を合わせる」という言葉がありますが、まさにそれです。

たとえば、相手の呼吸が速く、しかも浅いことに気づくことがあります。いかにも緊張している感じがします。

逆にゆっくりとした息づかいで、深く呼吸をしていたら、かなりリラックスして落ち着いていることがわかります。

呼吸には、その人の精神状態がはっきり表れるのです。

そこで、**自分もその呼吸に合わせる**ようにします。**同じペース、同じ深さで息をする**、まさに**「シンクロ」**させるわけです。すると、息づかいだけでなく体全体のリズムが合うようになり、不思議と落ち着いてくるのです。

そこには一体感といってもいいようなおだやかな感情が生まれます。そうなればしめたものです。

ゆっくりと、体の底から声を出すような気持ちで話をすると相手も落ち着いてくれて、集中して聞いてくれるはずです。

演劇の稽古のとき、役者同士が「息を合わせる」ことから始める場合があります。文字通り、出演者の呼吸を感じ取り、息を吸ったり吐いたりするペースを合わせるのです。ただそうするだけで連帯感と安心感が生まれ、すんなりと芝居の稽古に入れるのです。

呼吸をシンクロさせることで他人との間に生まれる親近感は、経験してみなければなかなかピンときません。ぜひ一度、実践してみてください。

How to read others

"漏れ聞かせ"のパワー

ルール無用の相手にいちばん効くやり方は？

会社にはときどき、コピーをとったあとに残った用紙を出しっぱなしにしたままだったり、電話を取り次ぐときに保留のボタンを押さない、小部屋を使ったあとにドアのプレートを『空室』にしないなど、日常のごく基本的なルールをまったく守れない人がいます。

あまりにも度が過ぎると、「こういうことはやめてください！」「次に使う人が困るので注意してください」などと文句を言いたくなります。

しかし実際にそれをやると、人間関係にヒビが入り、なんとなく気まずくなってギクシャクしてしまいます。そこで、こんな場合に即効性のある、うってつけの方法があります。それは**「漏れ聞かせ」を利用する**のです。

ルールを無視している人に向かって、

「最近、コピー用紙が出しっぱなしになってることがあるんですよね。誰だろう。次に使う人が困ると思いませんか？」

「電話を取り次ぐときに保留ボタンを押さない人がいるそうですよ。そのせいで、社内の会話が電話の相手に筒抜けになったそうです。これって問題ですよね」

「会議室を使ったのにプレートを『空室』にしない人がいて、次に使う予定だった人が使えなかったらしいです。これって迷惑ですよね」

と、**ささやくだけでいい**のです。

するとと当然、自分のことだと気がつくはずですが、しかし、あくまでもそれは噂話として話しているので気まずくなることもありません。

良心的な人なら、次からは気をつけてルールを守るようになるはずです。

この方法のコツは、ほかに聞いている人がいない場所で、**本人にだけ聞こえるような小さな声でサッと告げる**ことです。

もしも、ほかにそれを聞いてる人がいて、「それ、あなたのことですよね」などと口を挟まれたら台無しになってしまうので注意してください。

How to read others

逆質問

厄介者は〝逆質問〟を重ねるだけで退散する

レストランや居酒屋などで注文したものがなかなか出てこないとき、「おい、いつまで待たせるんだ、オーダー通ってる？」と怒鳴り散らす人がいます。それがエスカレートすると、「おれは客だぞ。店長を出せ」などと言い出します。

店員にいちゃもんをつけてムリヤリ土下座させる、やっかいなクレーマーが社会問題になっていますが、土下座まではいかなくても、客という立場を利用して強面になる人は誰にとっても面倒なものです。

では、どう対応すればいいでしょうか。

人は威圧的に声をかけられると、つい怯えてしまい、その勢いに負けて思わずペコペコしてしまいがちです。すると、相手はますます高飛車になって強気に出てきます。こうなると問題解決の糸口は見えてきません。

これはまさに**「同調行動」**といわれるものです。相手の勢いやペースに合わせてしまい、どこまでいっても終わりがやってこないのです。

そこで、**即座に「反同調行動」をとる**といいでしょう。

「おい、どうしてくれるんだ！」と大きな声で怒鳴られたら、思いきって「どうしてほしいと思ってらっしゃるのですか？」と質問を返します。

「なんだ、その態度は。こっちが聞いてるんだよ」などと畳みかけてきたら、「ですから、どうしてほしいのかを教えていただくと話は早いので、具体的におっしゃってください」と返答するのです。これで相手を瞬時にやり込めることができます。

コツは、けっして**相手の勢いに呑み込まれないようにする**ことです。あくまでも冷静な態度と口調で、**質問に対して質問で返す**のです。

そうなると相手も、もしも手を出したりすれば自分が一方的に悪者になると気づきます。そうなれば、すごすごと引き上げるしかないのです。

How to read others

枕のフレーズ

会話の中の「なぜ」と「どうして」はなぜキケンか

使い方を誤ると恐ろしい刃物のような効果を発揮してしまう言葉があります。それは、「なぜ」「どうして」という2つの言葉です。

どんなにおだやかに話していても、いきなり「なぜ、こういう予想が出てくるんですか？」「どうして、最初の打ち合わせどおりに進めなかったんですか？」などと質問すると、相手はどう感じるでしょうか。

いかにも、そんな予想になるはずはありませんよ、あなたは間違ってますというニュアンスで受け取られたり、打ち合わせどおりに進めなかったのは、あなたのミスですよねなどと、上から目線で攻められているような気になります。

言ったほうにはまったくそんなつもりはなくても、受け取るほうは、いきなり「なぜ」「どうして」で始まる言い方に疑問や否定的な気持ちを感じてしまい、けって気持ちのいいものではありません。

おだやかに進んでいた会話が、そのひと言で雰囲気が悪くなりかねません。

そう考えると、**「なぜ」「どうして」は慎重に使う**べきなのです。

そこで、次のような枕詞を利用してソフトな言い方に変えてみてください。

たとえば、「ぼくは詳しい事情を知らないから教えてほしいんだけど」とか、「私が間違っていたら謝りますけど」「あくまでも個人的な考えとして聞いてほしいんだけど」といった前置きのあとに、「なぜ」「どうして」を続けるのです。

あくまでも**相手の立場を立てて、自分はへり下る**ことが大切です。

このひと言があるだけで、自分の発言が尊重されているのを感じるので気持ちよく会話を続けることができます。

誰にでもすぐにできる、ちょっとした気遣いですが、相手との関係を良好に保つためにもぜひ実践してみてください。

How to read others

まばたきの意味づけ

まばたきをちょっと我慢すれば、大きく見せられる

人というのはわかりやすいもので、そのときの心理状態が、そのときの動作や表情、見た目にはっきりと表れるものです。

たとえば、必死で言い訳している人やミスを責められている人、あるいは恋人に浮気を疑われている人を観察してください。そういう人は、おどおどしたり、唇を震わせたり、冷や汗をかいたりしているものです。

彼らにさらに共通するのは、まばたきの回数が多いということです。

人間は、立場が悪くなったり、不利な状況に陥ったりして動揺すると、いつも以上にまばたきを繰り返します。

通常、まばたきの回数は3秒に1回くらいといわれています。しかし、ひどく動揺している人は常に目をしばたたかせています。

ふつうに話をしているときでも、相手がいつも以上にまばたきを繰り返していると、なにか動揺しているのではないかとか、やましいことがあるのではないかなどと勘ぐってしまうこともあります。

そこまで考えなくても、まばたきの多い人は、なんとなくいつもそわそわしていて落ち着きのない性格に見えてしまいます。いくら口では強気なこと言っても、なんだか弱気に見えてしまい、足元をすくわれることにもなりかねません。

そこで、そんなふうに見られないためには、**なるべくまばたきをしない**ことです。まばたきせずにじっくり相手の目を見据えていれば、ただそれだけで落ち着いて見られます。

たとえば、最初から見下してくるような相手や、自分の立場が弱いとわかっているときは、まばたきをせずに**相手の目を凝視することで自分を大きく見せる**ことができます。

それを利用すれば、短時間でお互いの立場を対等にすることも不可能ではないのです。

How to read others

割り勘のススメ

会計のときの一瞬の判断を間違えてはいけない

上司と部下が一緒に飲みに行くと、会計のときに「ここはおれに任せておけ」などと言って全部自分で払おうとする上司がいます。昭和の時代ならこういう人は部下思いの太っ腹な上司だと評価されたものです。

しかし時代は大きく変わりました。会社における人間関係も様変わりしています。いまやこういう上司は、見栄っ張りだ、いい顔をしたがるという見られ方をされることが多くなりました。

それだけならまだしも、なかには恩着せがましいとか、金で部下の歓心を買おうとしているなどと受け取る人もいて、あの上司と一緒に飲むのは面倒くさいと思われることもあります。

じつは、これはけっして根拠のないことではありません。**おごる習慣がある人**

には、無意識のうちに「等価交換」を求める心理があるといわれます。「いつもおごってるんだから」という理由で、何らかの見返りを求めるのです。

一方、おごられる側は、1回や2回なら感謝の気持ちも湧きますが、何度も続くとそれが当たり前になり、徐々に感謝の気持ちが薄れていきます。心理学には**「刺激馴化」**という言葉がありますが、まさに馴れてしまうわけです。

そして、こういうことが続くと、おごられるほうは「よけいな気遣いをするくらいなら、もう一緒には飲みたくない」と思うようになるのです。

こう考えると、むしろ**割り勘がベスト**です。

そのほうが、何の貸し借りもない、公平でフェアな人間関係を保つことができるので〝デキる上司〟としてみられるし、評価も上がるはずです。

会計のときに、財布を出そうとする部下の手を押しとどめるよりは、率先して「ひとり○○円だよ」とサラッと言えるほうがあと腐れがないし、部下も気分がいいのです。

その一瞬の判断を間違えることなく、気持ちよく支払いをしたいものです。

How to read others

八方美人攻略法

自分の気持ちを表現できないタイプにかけることば

自分の考え方に強くこだわる人は、場合によっては周囲との協調性がなくて扱いにくいように見えます。しかし、きちんと話し合って納得すれば柔軟に考えを変えてくれるので、ある意味では向き合いやすい人だともいえます。

それに対して、意外と扱いにくく、**てこずるのはいわゆる八方美人**です。ひとつの意見に賛成しても、別の意見が出てくればそれにも賛成し、その理由を聞いてみても、あいまいな返事しか返ってこない――。

そういうタイプの人は、誰に対してもいい顔がしたいし、誰とも波風立てたくないうえ、ともかくいい人だと思われたいという気持ちが強いのです。それが**優柔不断な態度になって表れているの**です。

こういう人には、「何か意見があったら言ってくれますか?」と言って発言を促したり、「いまのうちに自分の都合を言っておかないと、あとで困るよ」と優**しくアドバイスすることが大切**です。

自分の考えがあっても、それをなかなか口にできない人に、あまりに強い口調で迫ってしまうとますます何も言えなくなります。あくまでも**辛抱強く向き合い、話しやすい雰囲気をつくってあげる**ことが大切なのです。

しかし、そこまでやっても、結局何も返ってこない場合でもけっしてほったらかしにしてはいけません。

「これでいいよね」という念押しのひと言をかけることを忘れないでください。

最終的にその人の意志を確認したという事実は残しておかなければなりません。あとになって、本当は不満があったということになっては困ります。それが思いもかけないトラブルにつながることもあります。

そうならないためにも、たしかに納得したという確認だけはしておくようにしたいものです。それが、「これでいいよね」という念押しのひと言なのです。

How to read others

同調笑い

「自虐ネタ」は笑ってつきあうのを基本にする

人を笑わせるのは、けっして悪いことではありません。

「あの人と一緒にいると、いつも笑ってる」「あの人のまわりには笑い声が絶えない」などと言われるのは、ひとつの誇りといってもいいでしょう。

そういう意味では、仕事でも日常生活でも、笑いをとるネタのひとつやふたつは常に持ち合わせていたいものです。

なんとなく会話が行き詰ったり、沈黙が続いて気まづくなったりしたときには、場をなごませるためにネタを披露するのもいいでしょう。

ただし、笑いといってもいろいろです。笑えるなら何でもいいというわけではないし、自分では笑い話のつもりでも人はそう受け取らないこともあります。

そんななかで、**自虐ネタ**、特に**貧乏ネタ**を得意とする人がいます。

「いやあ、また電気とめられちゃって、おかげで昨夜のサッカーの試合見れなかったんだ」「甥っ子にお年玉あげたくてもお金なくて、逆に甥っ子から借金しちゃったよ」などという話は、当人は笑ってもらいたくて話してるのかもしれませんが、一度や二度ならまだしも、何度も続くと聞いてるほうはウンザリします。

かといって、まさかその話を真に受けて「それは大変だね、いい年なんだから、どうにか考えたほうがいいよ」などと返してしまうと、逆に相手を困らせることになります。

少なくとも本人は自分がみじめなのはわかっているのです。それでもなんとかネタにして相手に笑ってもらおうというサービス精神で披露しているのです。

だから、自虐的な貧乏ネタを聞かされたら真剣に話を聞くのではなく、**軽く笑ってあげるようにする**のが得策です。

調子を合わせてあげることもひとつの思いやりです。これなら時間がかからないはずです。

4

1秒で落とす

How to read others

ナナメ目線の心理

エラそうな相手には〝ナナメ上から目線〟に限る

仕事ができることをアピールしたい、いわゆる〝意識高い系〟の後輩はビジネスの新常識を振りかざしては「ビジョンがない」だの「フィジビリを考えましょう」などと口を挟んでくるものです。

しかも、現場にそぐわない、首をひねりたくなるような意見を押し通そうとしてくることも少なくありません。

そんな無責任な態度についイラッとなって、上から目線でモノを言おうものならそれだけで反感を買ってしまいます。

そこで、ここは込み上げてくるイライラをグッとこらえて**〝ナナメ上から目線〟**で対応してみましょう。

たとえば、「そうだな。でも、現場を知っている身としてはその意見には賛成することはできないな…」などと、間髪を入れずに返します。**自分には知識と経験があるんだぞということを匂わせる**のです。

さらに、「若手の意見も大事だからな。参考にするよ」と畳み込むようにつけ加えておけばムダな戦いをする必要がなくなります。

これは目線が「ナナメ」というところがミソで、この角度からのモノ言いなら、あっという間に懐柔できてしまうのです。

これが、あまりにも真上からの目線で言ってしまうと、高圧的なブラック上司扱いをされてますます仕事がやりづらくなってしまうので注意が必要です。

また、意識高い系といわれる若手は、行動に出ないだけで一応はいろいろと考えてはいるのです。

だから、**とりあえず意見は聞いておく**という姿勢さえ見せれば、少なくとも「自分の居場所はここではない」などと面倒なことを言ってこじらせたりはしないはずです。

ナナメ上から接して、生意気な相手を手のひらで転がしましょう。

How to read others

相手に〝腹〟を見せる

〝負け犬〟を演じれば、執拗な攻撃から一瞬で逃れられる

何かトラブルが起きてしまったとき、やってしまった本人は自分の非を認めて反省しきりだというのに、いつまでもそのことについてネチネチと嫌味を言ったり、自分が納得するまで攻め続けてくる人がいます。

このような攻めにつき合うのは、はっきり言って時間のムダです。

何時間もそれにつき合ったところで問題が解決するわけでもありません。聞いている時間がムダなのはもちろん、すり減った気持ちを回復させて通常モードに戻るのにも多くの時間を使ってしまいます。

そこで、もしも相手の攻撃が無限のループに入ってしまいそうになったら、まずはいくら言いたいことがあったとしても反論するのは我慢することです。

そのうえで、反省している姿を全身で表現してみるのです。

ポイントは**肩を落として体全体を縮こませ、困ったように眉根を寄せて相手の目を上目遣いに見る**のです。

この肩を落とした感じや、悲しそうな眼もとは、犬が飼い主に怒られているときに見せる姿に似ています。

このようなしょぼくれて哀れな姿を見ると、多くの人は「あんまり攻めるとかわいそう」という気分になってしまうのです。

だから、どんなに怒っていても「もういい、次から気をつけろ！」と話を切り上げたくなってしまいます。

しかし、しょぼくれた犬のような目をしながらも「でも…」などとひと言でも反論すれば逆効果になります。

たとえ小さな反論でも、せっかく湧いてきた同情心がサッと消えてしまい、逆に火に油を注ぐ結果となってしまいます。くれぐれもじっと黙って嵐が通り過ぎるのを待ちましょう。

How to read others

敵の敵は味方

〝敵の敵〟を持ち出した瞬間に「共犯者」になれる

会社など組織の中にいれば、この人とはウマが合うと思える人もいれば、どうにもつき合いづらいなという人もいるものです。

しかし、合わないからとか、好きになれないからといって仕事では避けて通るわけにもいきません。

特にどうしても協力を得たいことがある相手とは、やはり可能な限り心理的な距離を縮めておきたいものです。

そこで、そんな苦手な相手とうまくやっていくためには、まずは**相手と〝同調〟し合えることが何かないか**を探ってみます。

同調とは、他人の意見や主張に賛同することをいいます。相手の意見に対して**「わかる、わかる」と思えることが多ければ多いほど、心理的な距離感は近くな**

るのです。

とはいっても、そもそも「わかる、わかる」という感覚がほとんどないからウマが合わないということもあります。

そんなときには、**相手の苦手な人物「X」をあらかじめリサーチしておく**のです。そして、雑談の中でポロッと「Xさんって、ちょっと苦手なんですよね」とつぶやいてみるのです。

そうすれば「じつは私も…」となり、それだけでいままでお互いを隔てていた壁が一気に低くなります。**「敵の敵は味方」**という心理が働いて、その瞬間から**2人は共犯者**になるというわけです。

また、あまり人には大っぴらに言えない心の内を共有したことで親近感も高まります。

しかし、調子に乗ってX氏の悪口に花を咲かせてしまうと、互いの嫌な面を見てしまうことになり、やはり合わない…ということにもなりかねません。

敵の敵に関する話題は匂わせる程度に留めておきましょう。

How to read others

捨て案の法則

ポーズの代案を見せて、イチオシ案に誘導する

企画書をつくっていて、切り口としてもアイデアとしても、そして予算的にもこれ以上のものはないというイチオシの案ができあがったら、「絶対に採用間違いなしだ！」とそれ1本で勝負しようとしてしまいがちです。

しかし、決定権を持っている人が決められないタイプだった場合、どんなにベストな案だと説いたところでなかなかGOを出してはくれません。

ひとつだけ提案されると了承していいかどうか迷ってしまうからで、何かと比較したり、競合するものがあって「こっちよりもいい」と判断できなければ不安で決断することができないのです。

そこで、そういう人に素早く決断してもらうためには、あらかじめ**代案を用意しておく**といいでしょう。

たとえば、A案とB案という複数の案を提示すれば、双方を比較したうえで「こっちのほうがいい」と、消極的ながらも決断してもらえるのです。

ひとつの案だけを提示されてイエスかノーを突きつけられると、何となく押しつけられたような気分になりますが、どちらか一方を選ぶことで本人も自分の責任で決断したと思えます。

しかし、この場合の代案はあくまでも**イチオシを選択させるためのポーズなので、適当につくった見せかけの案**でかまいません。

代案に力を入れ過ぎてしまって、もしもイチオシの案と遜色のないものができてしまったらますます悩ませてしまうことになります。結局、どちらも選べないということになっては本末転倒です。

まずは**代案のほうを先に見せてから、満を持してイチオシの案を出す**。そうすれば、思った通りにコトを運ぶことができるはずです。

How to read others

誤前提提示

3つ目の選択肢を隠して質問すれば話は早い

取引先の応接間に通されて、「お茶になさいますか？　それともコーヒーがいいですか？」と聞かれると、とっさに「どちらにしようかな…」と頭の中で考え始めます。

そして、一瞬考えたあとでどちらにするか答えてしまうのではないでしょうか。

しかし、よく考えると選択肢は2つではありません。「何もいらない」という3番目の選択肢もあるのです。

でも、2つの選択肢で問われると、多くの人はどちらかを選びます。とっさに、「どちらでもない」という選択肢があることを忘れてしまうからです。これを**「誤前提提示」**といいます。

この二者択一の質問は、必ず**どちらかを選んでほしい立場に立った場合に戦略**

的に使うことができます。

たとえば、部署の中で飲み会を開くことになったけれど、ひとりが不参加を表明すると芋づる式に欠席者が増えそうな場合などです。

こういう場合には、「来週の金曜日に親睦会を開くんだけど、イタリアンと中華、どっちがいいかな？」などと質問してみます。

すると、「イタリアンかな」ということになり、会場選びがスムーズになるだけでなく、同時に出欠の返事をもらうことができます。

つまり、**全員が参加することを前提に話を進めてしまえばいい**のです。

なかには、「それって、参加が前提ですよね」などとイタイところをついてくる人もいるかもしれません。

その場合には、その人にだけこっそりと参加か不参加かどうかは選べると伝えればいいのです。

How to read others

値引きの交渉術

交渉は〝無理め〟のゴールを設定するのが最初の一歩

今月は入用が多くて、どうしても小遣いが2万円ほど足りそうにありません。そこで、友人に借金を申し込むことにしました。

しかし、その友人もけっして余裕があるわけではないので、いきなり「2万円貸して！」と拝み倒しても簡単には貸してくれそうにありません。

それがムリならと、今度は遠慮がちに「2万円ほど貸してくれないかな…」と哀れさを漂わせながらお願いしても、返ってくるのはやっぱりノーの答えでしょう。

じつは、借金を申し込むときには、**最初に提示する金額は相手が「絶対にムリ」と思うくらいの高額**を提示するほうが成功する可能性が高くなります。

たとえば、2万円貸してほしいのなら「お願い、10万円貸して！」と言ってみるのです。

すると、即座に断られることは間違いないでしょう。

そこで、「じゃあ8万円」、「5万円は?」と金額を下げていって、最後に「2万円でいいから」とお願いするのです。

すると、最初の10万円からはずいぶん金額が下がっているので感覚がマヒしてしまい、まあ2万円くらいなら…と財布を開いてくれるのです。

これは、外国の市場などでも日常的に行われている**値引きの交渉術**と同じです。

特に中東などのバザールでは、いきなり値札に書いてある値段の半分ぐらいを提示し、店主がダメといったら「じゃあ…」と徐々に金額を上げていって落とし所を探ります。

ちなみに借金の交渉に成功しても、借りたらすぐに返さないと大切な友達を失うことになってしまうことを忘れずに。

How to read others

壊れたレコード作戦

いまこの場で諦めさせるなら〝壊れたレコード作戦〟で

交渉の場で、相手が明らかに自分の側だけが利するような方向に話を持っていこうとすることがあります。

しかし、それを阻止するために最もやってはいけないことは好戦的な態度に出ることです。

人間はいったん戦闘モードのスイッチが入ってしまうと、勝つまで徹底的に戦おうとしてしまいます。互いがそうなってしまうとあとは泥沼化に向かって一直線。やはり、それだけは避けたいものです。

それを回避するために、**「壊れたレコード作戦」**という断りのテクニックを覚えておきましょう。

これはその名の通り、何を言われても壊れたレコードのように、**ただひたすら**

同じ返事を繰り返すという作戦です。

たとえば、明らかに自社に不利な無理難題を押しつけられそうになったとします。相手は、その難題を飲ませようとあの手この手で説得にかかってくるでしょう。

そのたびに、

「それは、弊社の未来を見据えた場合、受け入れ難い提案です」

「申し訳ありませんが、受け入れるわけにはいきません」

「そうですね。しかしながら受け入れは不可能です」

「残念ですが、やはり受け入れられません」

というように、同じ内容を繰り返してください。これを相手が呆れ果てて疲れるまで続けるのです。

ただし、話を適当に聞いているような態度を見せると小バカにしているように見えるので誠心誠意、「お断りしている」という態度でのぞみましょう。

How to read others

イエス・イフ法
たったひと言で話の流れを引き寄せるイエス・イフ法

ひとつの考えに固執して、その流れに周囲を強引に乗せようとする人がいます。いわゆる〝聞く耳を持たない〟タイプです。

そういう人に真っ向から反論するのは骨が折れます。何を言っても立て板に水で、いくら時間をかけても建設的な対話には発展しません。

でも、だからといって自分勝手な言い分ばかりをそのまま受け入れるわけにもいきません。そこで使えるのが、**「イエス・イフ法」**というトーク・テクニックです。

これはその名のとおり、まず相手の言い分を肯定（イエス）し、さらに仮定（イフ）の話をするのです。

似たようなテクニックに**「イエス・バット法」**というものがありますが、実践しているビジネスパーソンもいます。

しかし、こちらは「なるほどそういう考え方もありますね。でも…」とイエスを打ち消してしまうので反論しているように聞こえます。

その点、イエス・イフ法であれば「なるほどそういう考え方もありますね」のあとに「ところで、もし…」と続くので、相手の意見を打ち消したり反論しているようには聞こえません。

むしろ、**自分の意見をもとに対話を発展させようとしているという印象を与えることができる**ので、前向きに話を聞こうという気にさせられます。

さらに、その間に**ちゃっかりと主導権を握る**ことができるのもイエス・イフ法のメリットです。

カドを立てずに、流れをさりげなく自分のほうに引き寄せたい場合などにぜひ使ってみてください。

How to read others

90パーセント指示法

10パーセントの自由が相手のやる気に火をつける

面倒な頼みごとをするときに、やってはいけないのががんじがらめの指示を出すことです。

それでなくてもみんながやりたがらない面倒くさい仕事なのに、さらに箸の上げ下げまで指示されるような窮屈な内容だと、誰も喜んで請け負ってはくれないでしょう。

言葉遣いから対応のしかたまで完全にマニュアル化された仕事が退屈なように、1から10まで上が決めたとおりにやらなければならないのはある意味ラクな反面、ちっともおもしろくありません。

それよりも、自分で創意工夫できる部分があったほうが、がぜんやる気になるというものです。

では、人に仕事を頼む場合にはどうすればいいのかというと、最低でも**1割は自由にやっていいという部分を残しておく**のです。

大まかな段取りやルール、目指すべきゴールはしっかりと提示し、**細かな部分は本人の工夫しだいでいかようにもできる**ようにしておきます。

そして、「いちおうマニュアルはつくっておいたけど、この部分はキミのセンスでいい感じに仕上げてほしい」と伝えるのです。

そうすれば、頼まれたほうは信頼されているからこの仕事を頼まれたのだと感じます。

また、面倒そうな仕事だけど、いい経験になるかも…とその気にさせることができるのです。

創意工夫ができる楽しさは、それだけで人を伸ばします。1割の自由があるだけで請け負ってもらえるだけでなく、求めていたよりもクオリティの高い結果が残る場合もあるので一石二鳥というわけです。

How to read others

バカになる

最初に「バカ」を演じることで、一気に形勢逆転する

ＳＮＳのアプリを立ち上げてみると、たくさんの人たちが充実した日常を見せるべく、日々、工夫した写真やコメントを投稿しています。

ところが、投稿されたものが実際よりもかなり盛っている話だったり、つくり込まれた写真だったりするのがバレてしまうと、かえってカッコ悪い思いをすることに…。

同じことは、交渉の場でもいえます。デキるビジネスパーソンを気取って最初こそ主導権が握れたとしても、いざ話をしてみて中身がないことが徐々にバレてしまうと形勢は一気に逆転してしまうのです。

これは、最初に大きく見せた分、それが虚構だとわかると実際よりもダメなヤツに見られてしまうからです。

それならば逆に、最初に**わざとバカを演じてしまう**という手があります。

たとえば、あいさつの際に**緊張感のない態度をしたり、わざと鈍感な受け答えをしたりする**のです。

交渉が始まる前にそんな態度を見せられたら、相手はこれは落としやすい相手だと完全にナメてかかってくることでしょう。

しかし、いざ本題に入るや態度を一変させるのです。そこから知的に交渉を進めていくのです。その変わりようで相手を怯ませ、そこから一気に主導権を握って形勢を逆転させていくのです。

さらに相手にスキが見えたら、「う〜ん、私にはちょっと理解できなかったんですが、もう一度ご説明願えませんか？」とシラっと言ってみてください。

「バカ」になるだけで、ますます優位に立つことができるでしょう。

How to read others

ゴリ押しのルール

トランプ式ディールで、一発逆転を狙う

どんなに戦略的に攻めてもダメ、心を込めて説得してもダメとなると、最後の手段は**ゴリ押し**しかありません。

ゴリ押しとは、自分の要求がモノの道理に合わないとわかっていながら、それを強引に押し通すことですが、じつはアメリカのトランプ大統領はこれが得意なのだとか。

彼の自伝にはこんなくだりがあります。

有名セレブだけが会員になれる高級クラブのメンバーになりたかった当時、無名のトランプ氏は、ダメもとでクラブに電話をして会員になりたい旨を告げました。しかし、当然のことながら門前払いされてしまいます。

ところが、それで諦める男ではありません。

さらに次の日にも電話をかけると、今度は会長の連絡先を聞き出して、会長に直接電話をかけたというのです。

電話口では、あの調子でしゃべり続けたのでしょう。彼のことをおもしろがったクラブの会長は、トランプ氏と会って一緒に飲むことにし、とうとうメンバーになることを許可したそうです。

まさにゴリ押しで希望をかなえた典型的な例ですが、**ディール（取り引き）上手のトランプ氏の戦略勝ち**といったところでしょうか。

この、クレーマーと紙一重ともいえるゴリ押しの成功の極意は、相手におもしろがられる話術やキャラクターにあります。

強面に出たり、泣き落とし作戦に出られると相手は辟易してしまいますが、**ユーモアを折りまぜながら難題を繰り出してくる人には、おもわず「しかたがないな」と折れてしまう**ものなのです。

その瞬間を狙えば、決裂すると思った交渉を一気に逆転させることも不可能ではありません。

How to read others

嘆願ストラテジー

弱さが一瞬で武器に変わる「嘆願ストラテジー」

自分は見た目の印象で頼りなさそうに思われ、実際、他人に対して強く出たり発言することもできない。そのため、人を説得したり交渉するなんてムリだと思っている人がいるかもしれません。

しかし、心配ありません。その**コンプレックスは上手に使えば一瞬で人の心を動かす武器に変えることができる**からです。

たとえば交渉が決裂しそうになったり、いくら説得しても相手が首をタテに振ってくれないときは、最後の手段として「これは本当に今日中にどうにかしないと困るんです」と心情に訴えます。

これを、ふだんは人を上から見下ろすような態度をとっている人や自信満々で鼻持ちならない人がやると「なんだ、今度は泣き落としか」と冷めた目で見られてしまうかもしれません。

ところが、これを**いかにも虫も殺せぬといった風貌の人がやる**と、本当に気の毒に思えてしまうのです。

その、心底困っている姿を見ていると不憫に思えてきて、無下に断るのもかわいそうだ、何か協力できることはないだろうかなどと考え、手を差し伸べたくなるのです。

これは、心理学的には**「嘆願ストラテジー」**といい、**相手に弱点をさらけ出すことで協力を得る**心理テクニックなのです。

同じように誰かに仕事を手伝ってもらいたいときにも、「すみません、不器用なんで…」と自分に能力がないことを強調するといいでしょう。

このひと言で相手は優位に立たった気分になり、しかたがないなと言いつつも手を差し伸べてくれるはずです。

How to read others

凄みの効果

太くて大きな声を出せば、一瞬で場の空気を変えられる

いつでもどんな場合でも、規則や前例に縛られて柔軟に対応してくれない人がいます。

その人の言い分が理にかなっていたり、組織として守らなければならないようなルールであるというなら、それを曲げてでも対応してくれというのは無茶というものでしょう。

しかし、明らかに自分の言い分のほうが筋が通っているとか、ムダをなくせるものであれば強気に出てもいいはずです。

とはいっても、どうやっていいのかわからないというときは、自分の意見をきっぱりと、**大きな声で主張してみる**ことです。

たとえば、何かものを受け取りにいって「受領印の欄に印鑑を押してくださ

い」と言われたけど印鑑を持っていないとしましょう。

そこで、サインでもいいかと聞いてみたら、いや印鑑でないとダメだと頑なに断られたとします。

しかし、受け取った人物を特定するための受領印であれば、１００円ショップでも買える三文判よりも本人の直筆サインのほうが有効なのは明らかです。

その正当性をどんなに丁寧に説明しても、それでも「規則ですから」の一点張りで突っぱねてくるなら、**腹に力を込めて太い大きな声で「あのね…」と切り出してみる**のです。

そうしてよく相手を見ていると、それまでの木で鼻をくったような態度が一変するのがよくわかるはずです。

ただし、自分の言い分を何でもかんでも通そうとしてしょっちゅうこのワザを使っていると、ただのクレイマー扱いされてしまうのでここぞというときだけにしておきましょう。

5

1秒でキメる

How to read others

おうむ返し法

繰り返すだけで、〝その気〟にさせる

話し上手より聞き上手といわれますが、聞く力というのは対人関係を築くうえでも重要度の高いスキルです。傾聴という概念が一般的になっているように、上手に話を聞くことが求められているのです。

そこで、誰しも簡単に聞き上手になれる方法が、**オウム返し**でひと言、相槌を打つことです。

オウム返しと聞くと、単に相手の言葉を繰り返すだけでそれほど重要な意味がないように思えますが、これは**バックトラッキングと呼ばれる聞き方のテクニック**なのです。

「今日のランチで行ったイタリアンレストランがすごく素敵なお店だったの」

「へえ、素敵なレストランだったんだね」

これがバックトラッキングを使った返答の一例ですが、相手の持つ感情や事実などを受け止め、整理してから似たような言葉を使って返します。

すると、自分の話をきちんと聞いてもらっているんだという安心感を与えることができ、会話に満足してもらえるのです。

話をしっかり聞いていますよ、関心がありますよというアピールのためにも、まったく同じ言葉や表現を使って返すよりも、**内容を整理した表現で返したほうがよりいい**でしょう。

ポイントは、**長々と返答しないこと**と、求められなければ意見を言う必要もありません。自分から語ってしまったらこの方法の意味がなくなってしまいます。

あくまでも、**傾聴するという待ち姿勢で聞き手に徹する**のです。

誰かに話を聞いてもらうというのは気持ちのいいもので、尊重されているという自尊心を高めます。当然、聞き手に対しては好感を持ちますから人間関係も円滑になるはずです。

How to read others

フレーズ・チェック

警戒感が一瞬でゆるんでしまう〝勝負言葉〟とは？

出鼻をくじくというのは優位に立つために効果的な方法ですが、何らかの指示を通したいときに最初の一瞬で精神的な支配下に置くことができるのが「どうかな？」というフレーズです。

たとえば、「○○社に出す予定の資料、早く作成してくれよ」と指示を受けたとします。その言葉に命令や催促というニュアンスを感じとってカチンとくる人も多いでしょう。

部下や同僚相手に指示を出すとき、開口一番「～しなさい」「～してよ」という言い方をしてしまうと、押しつけがましいとか、命令されたくないといった反感を買ってしまうリスクが高くなります。

たとえ言われている内容がまっとうなものでも、あからさまな**命令口調には反**

発したくなるのが人間の性なのです。

それを「○○社に出す資料の作成は、どうなっているかな？」という言い方に替えたらどうでしょうか。

どうなっているかな、という言い方をされると、命令というよりも単に進捗状況を確認されているという印象になります。しかも、自分のペースを尊重されているという気にもなるでしょう。

その結果、言われたほうは抵抗なくその質問に答えてしまいます。そのあとで、「じゃあ、○○日までにできるかな？」などと言われても、反発することなく指示に従ってしまうのです。これは**確認という体をとった指示**なのですが、言われたほうの本人にはその自覚はありません。

北風と太陽の寓話にもあるように、**ソフトなやり方が効果的に人を動かせるこ**とも多いものです。反感を持たれなければその後の関係も良好になり、よけいなストレスも減らせます。

警戒感を抱かせる前に、最初のひと言で勝負を決めてしまいましょう。

How to read others

カモフラージュ

「たまたま」で偶然を装って関係を深める

「この人、重い！」――。そんなふうに思われてしまったら、距離を縮めることはできなくなるどころか、避けられてしまうことにもなりかねません。より深い関係を築くためには、最初の一瞬が勝負です。

人間には、受けた好意には同じように報いたいと感じる心理があります。互いに好意を持っている場合は問題ないのですが、それほど親しい関係でなければ一方的な好意を感じることは重荷になってしまいます。

とはいっても、関係を深めたいとか好印象を持ってほしいと思うなら、何らかのアクションを起こさなければ始まりません。

何よりも大切なのは、**警戒されない**ことです。プレッシャーを与えず、好意を受け取ってもらうには、**最初の一瞬で警戒感を解いておく**必要があるのです。

たとえば打合せなどで訪問する際に、いつもは持たない手土産を持って行ったとします。

わざわざ買ってきてくれたと思われてしまうとかえって負担になってしまうので、「たまたま通りかかったのですが、美味しいと評判らしくて。あとで感想を聞かせてください」と、こんな言葉を添えて渡せば〝策略〟を上手にカモフラージュすることができます。

わざわざ買ってきたなら重いな…と思ってしまいますが、偶然通りかかったついでならそれほど警戒することもなく受け入れてしまうのです。

「たまたま」というフレーズに隠された真意に気づかれないままに、好感度が上がっていけば自然と関係が深まっていきます。

ただ、やり過ぎると見透かされてしまうのでそのあたりの見極めも必要ですが、**正攻法でぶつかるよりもリスクが少ない**うえに成功する確率も高いでしょう。

物事は最初が肝心とはよくいいますが、人間関係でも同じです。最初の一瞬でどう動くかで、その後の関係性も決まってくるのです。

How to read others

もしもの話

「たとえば」を使えば、相手の本心を一瞬で暴ける

立場や世間体、強がりや意地などが邪魔をして、大人になるほど本心を語ることはむずかしくなるものです。そんな人でも、つい本心を漏らしてしまうキーワードが**「たとえば」**です。質問をするときの枕詞にたとえばを使うと、一瞬で本音を引き出す空気をつくることができます。

たとえば、「この企画についてどう思うか、意見を聞かせてください」などと聞かれて、ストレートに意見が言えるのはよほど自信がある場合です。そうでなければ、責任を取りたくないとか、あまり気の利いたことが言えないという心理が働いて口が重くなってしまうものです。

それが、「たとえば、この企画についていてどんな意見が寄せられると思いますか？」と言い換えたら、とたんにハードルが下がります。仮定の話にすることで

責任を問われるという意識が薄くなり、思ったことをスラスラと述べることができるはずです。

たとえばという仮定の話にしていても、話している内容は自分の考えを投影させたものなので、限りなく本心に近いものです。面と向かって質問をしたところで本心を語ってくれない人でも、**仮定の話として話すことでいつの間にか本音をさらしてしまう**のです。

同じような効果が、「**一般的には**」という言葉にもあります。「一般的に言って、どんな方法が考えられるでしょうか」と聞けば、あくまでも一般論として答えてもらうことができるので、抵抗なく本音を引き出すことができます。もしくは**第三者の意見を代弁してもらうという形をとってもいい**でしょう。

ポイントは、**無責任に語れる雰囲気をつくる**ことです。責任を問われないという意識になると、思いのほか素直になれるものです。

一瞬のスキをついて話のハードルを下げることでいつもより饒舌に語らせることができるなら試さない手はないはずです。

How to read others

イーブン・ア・ペニー

「ちょっと」を使えば、厳しい要求をのんでもらえる

少しむずかしい要求をのませたいと思ったら依頼のしかたが肝心です。たとえば、「手伝ってください」とバカ正直に告げるだけでは、断られるリスクも高くなります。

断られるかもと思うような要求をのんでもらえるポイントは、「**ちょっと**」のひと言とともにお願いごとをすることです。「ちょっと手伝ってもらえますか」というように、口に出せば1秒ですんでしまう言葉をつけ加えるだけで要求がスムーズに通ってしまうのです。

これは心理学用語で**イーブン・ア・ペニーテクニック**といいます。極端にハードルを下げた要求をすることで心理的な抵抗をなくし、要求以上のリターンを得るというものです。

「ちょっと」という言葉で些細なことというイメージを強調することで、これくらいならいいかなという心理が生まれます。そうして**一旦了承させてしまえば、なし崩しにほかのことを頼んでも受け入れてもらえる**のです。

頼みを聞いてくれた人に対してそんな策略を巡らせるのは倫理的にどうかともいえますが、駆け引きの手段としては非常に有効です。だましたり脅したりするわけではないので、人間関係を壊すこともないでしょう。

このテクニックを使えば、聞き出しづらいことを探ることもできます。最初に答えやすいちょっとした質問をして、少しずつ核心に迫っていくのです。

いきなり核心をついてもはぐらかされたり、気分を悪くされたりしてしまうことがありますが、**気づかれないように徐々に質問の内容を深掘りしていく**ことで本心に近づけるのです。

とはいっても、多用しすぎれば不信感を生んでしまいます。利用されているのでは、と思わせてしまっては元も子もありません。一瞬で決まるテクニックだからこそ、ここぞというときに使うようにしましょう。

How to read others

話を切り上げる

まずはタイムリミットを設定するのがポイント

退席はスマートにすることが社会人としての重要なスキルです。

退席のタイミングを逃してつい長居してしまったというのは、親しい間柄ならともかくあまり褒められることではありません。

しかし、そのことがわかっていても、訪問先で上手に退席のチャンスを見極めるというのは少々難易度が高いものです。

そこで、上手に切り上げる簡単な方法は、**最初にタイムリミットを設定してしまう**ことです。たったそれだけで、時間が来れば退席することが自然なことになります。

また、時間を割いてもらっていることへの配慮が見えて、一気に好感度が上がるのでその後の話し合いもスムーズに行えるはずです。

たとえば、訪問先に着いたらまず「今日は3時ごろまでお時間いただけたら幸いです」と断っておけば、お互いに見通しを立てることができます。残り時間がわかるので、用件をしっかりとすませることもできるでしょう。

あらかじめ時間を区切るというのが少し事務的にも思えるかもしれませんが、**訪問される側の立場になれば、どれだけ拘束されるのかということが明確になる**ことで、この人はいつまでいるのだろうと気にすることもなく、ストレスを与えることもないのです。

これは、会議や打ち合わせなどにも同様のことがいえます。会議室などを時間で区切って使用する場合は別ですが、終わりの時間が見えないとそのほかの仕事にも影響が出るだけでなく、効率が悪くなってしまいます。

冒頭で、「今日の打合せは1時間です」などと宣言しておけば、ムダなことを議論することもありません。

単純なことですが、タイムリミットがあるほうが作業効率は上がるものなのです。

How to read others

のらりくらり話法

先送りにすることで判断させない技術

多くの場合、断るというのは勇気がいる行為です。嫌われてしまうかもしれない、がっかりさせてしまうかもしれないと考え出すと、どう断っていいのかわからなくなってしまうこともあるでしょう。

しかし、不可能なことは初めからきっぱりと断らなければ、かえってその後の関係にトラブルを招いてしまいます。そこで覚えておきたいのが、**「少し様子を見ませんか」**です。

たとえば、達成が困難な計画を持ってこられたとします。同僚や部下にならはっきりとダメ出しができても、上司や取引先などそうはいかない相手の場合は困ってしまいます。

そんなときは「概要はわかりました。前向きに検討させていただきますが、少し様子を見させていただけますか」と言ってみましょう。

ポイントは**否定的な言葉をいっさい使っていない**ところです。これで、意見を受け入れてもらえたという一定の満足感を与えることができます。

その一方で、様子を見るという**あいまいな表現を使うことで結論を先延ばしにしている**のです。その後も、「タイミングが悪いかもしれません」「検討中なのですが時間がかかっていて」というように矛先をかわしていくと、そのうちに話が立ち消えになる可能性もあります。

あいまいに答えてはぐらかすというのは少し気が咎めるかもしれませんが、職場などの人間関係においてはどうしても必要になるスキルです。

あくまでも断るとしても、少し様子を見ませんかというひと言があるだけで気分を損ねることもなくなります。

通常ならポジティブなとらえ方をされないあいまいな言葉というのも、使い方ひとつで会話の流れを一気に決定づける決定的な意味を持たせることができるのです。

How to read others

逆さ説得術

「忘れてほしい」のひと言で、敵が味方になる

昨日の敵は今日の友というように、人間関係は一瞬でその関係性が変わることもあります。意図的にそれを引き起こすのが、**「忘れてくれ」**のひと言です。

あきらかに反対されるような意見や、反発されることを伝えなければならない場合、くどくどと説得するのは逆効果です。強く説得されればされるほど、反発する気持ちは強くなってしまいます。

そこで、ひととおりの内容を伝えたら「いまの話は忘れてください」と言うのです。これでいままで反発していたのが肩透かしに遭い、不完全燃焼のような気持ちだけが残ります。

もともとスッキリしていないのですから、当然そのままの気持ちを引きずってしまい、そのことがずっと頭に残ってしまうのです。

たとえば、「忙しいのはわかっているけど、この書類も2日以内に用意してほしいんだよね。まあ、でも無理そうなら忘れてください」というように言われたとします。

忙しいのだから無理ですとか、ほかの人に頼んでくださいと言いたいけれど、忘れてくれと言われたらそれはできません。何だか納得できないままにその書類のことが頭から離れなくなります。

結局、ほかの仕事をやりくりして、その書類を仕上げることになるでしょう。もやもやした気持ちをスッキリさせるにはそうするしかないのです。

人間には**「忘れてくれ」と言われると逆に忘れられなくなる**という習性があります。

しかも、反発しているということは、そこに強い思いがあるということで、忘れようとしてもなかなか忘れられなくなってしまいます。

忘れてくれというひと言は、**強烈なインパクトを残すマジックワード**ともいえるものなのです。

How to read others

接客のプロは「だけ」で他人を引きつける

「だけ」の威力

夜の世界で働く接客業のスタッフの基本テクニックとして、特別感を感じさせるというものがあります。「あなただけに話します」「ここだけの話なんだけど」というフレーズで、**自分は特別なのだという錯覚を持たせる**のです。

これにみごとに転がされて、ポーッとなってしまったら〝鴨葱客〟のできあがりというわけです。

このテクニックは、商売抜きの人間関係にも十分応用できます。

やり方はじつに簡単で、話を聞いてもらうときに「ここだけの話なのですが」とか、「あなただけには言っておきたいのですが」とつけ加えるだけでいいのです。

このワンフレーズがあることで、色よい返事をもらえる可能性は大きく跳ね上がります。

あなただけ、ここだけという言葉には、ほかの人には話さないことを相談しているというニュアンスが込められています。**信頼感や好意という特別感を演出する**ことができるのです。

信頼されたり、頼りにされて嬉しくない人はいないでしょうから、話を聞いているほうは優越感のようなものを感じるでしょう。

すると、心理的なハードルはぐっと下がって、「こんなに信頼されているのだから、どうにかしないといけない」と、少々ムリをしても頼みごとを引き受けたくなるのです。

同様に、自分が引き受けるときも**恩に着せる**ことができます。「あなたの頼みなら引き受けます」と言うだけで、実際はそれほど大したことはしていないのに、特別に引き受けてもらったという印象を与えることができるのです。

接客業のプロたちが一瞬でお客の心を引きつける「〜だけ」という言葉には、予想以上の威力があるのだと覚えておきましょう。

How to read others

3の効用

なぜ「3」を使うともっともらしさが出るのか

ビジネスパーソンにとって、説得力のある話し方というのは喉から手が出るほどほしいスキルのひとつです。その道に精通した人や十分に下調べをした人なら、自信が立ち居振る舞いや口調にも表れて、話の内容に説得力を加えてくれます。

しかし、常に自分の得意分野や下調べに時間をかけられる場面で話すわけではありません。それでも打合せやプレゼンなどで競合相手や同僚たちと戦わなければならないことのほうが多いかもしれません。

ここで覚えておきたいのが、**見せ方ひとつで説得力は格段にアップする**ということです。たとえ根拠に乏しい内容だったり、いまいち自信が持てないことであっても、はたから見れば説得力たっぷりに見せることはできます。

それが、話の冒頭に掲げる「3」という数字のマジックです。

「いまからお話しすることには、3つのポイントがあります」などと開口一番に言い切ってしまいます。聞き手は、3つのポイントがあるということが事前にわかるので、よく整理された話なのだなという印象を受けるうえに、要点を追いながら内容を確実に聞き取れるのです。

それほど大した内容でなくても、整理された話を聞いていると何かすごいことを聞いているような錯覚に陥ります。さらに、1でも2でも4でもない、**「3」という数字にも意味がある**のです。

まず、1や2では少なすぎます。2つのポイントがあると言われても、わざわざ整理するほどの複雑さはないように思えてしまいますし、4以上では多すぎて散漫な印象を与えます。

3つというのは、**内容の薄さをカバーしつつ説得力のあるように見せられる絶妙な数字**です。話の冒頭部分にこのワンフレーズがあるかないかでは、説得力に雲泥の差が出てきてしまうのです。

How to read others

数字でつかむ

“意味ありげ”な数字で興味を掻きたてる

広告業界でよく使われている手法のひとつに、中途半端な数字を使うことがあります。わかりやすくいうと、わざと中途半端に見せて興味をそそるというやり方です。

業界のテクニックと聞けばむずかしく感じるかもしれませんが、じつは誰にでもできる簡単なものです。

たとえば、「わずか1970円!」とか「お手続きにかかる時間はわずか3分25秒」と聞くと、ちょっとした違和感を感じてしまう反面、興味がわいてきます。

これはあえて2000円とか3分30秒というキリのいい数字ではなく、**半端な数を示すことで違和感を生じさせて興味を引いている**のです。

これをふだんの会話に応用すれば、ワンフレーズで聞き手の気持ちを引きつけることができます。

「この話は3分43秒で終わるのでおつき合いください」

「あと5分27秒で着くから待っていてね」

「あと7分4秒だけください！」

そんなふうに言われたら、いったい何でそんな中途半端な数字なんだろうと関心が向くはずです。しかも、ちょっとおもしろいなと感じるのではないでしょうか。


もちろん、それほど**根拠のない数字なので正確ではない**のですが、いわゆるツカミはバッチリというわけです。

単純に**話を聞いてもらいたい**ときだけでなく、**自分に注目してほしい**とか、**場の空気を和らげたい**とか、さまざまなケースで役に立つテクニックです。

日頃あまり冗談を言わないような生真面目なタイプの人でも、中途半端な数字を当てはめるだけというこの方法なら、印象に残るような話のきっかけをつくることができるのではないでしょうか。

How to read others

「能ある鷹」の法則

「見せない」ことで自分を高めに見せる方法

平安時代の高貴な女性は、夫や子ども以外の男性にはけっして姿を見せず、話すときも御簾を隔てた状態でというのが日常でした。姿がはっきり見えないことで男性たちは想像力を掻き立てられ、和歌などのやりとりをするなかで、さぞ美しい姫君がいるのではないだろうかと期待したのです。

もったいぶって隠すことが想像を掻き立て、結果として実力以上に評価を底上げしてしまうということはよくあります。この心理を利用すれば、最低限の言葉を交わすだけで、できるヤツだと思わせることができるのです。

たとえば、「西洋美術についてはお詳しいと聞いていますが、ぜひご教授いただきたいです」などと言われたとします。実際は大学で少しかじったくらいでたいした知識がないとしても、「最近はなかなか美術館に行く時間も取れなくて。

もっぱら本や雑誌の特集に目を通すくらいで知識の蓄えも目減りする一方ですよ」というように、**謙遜を交えつつ核心に直接触れない答えを返す**のです。

すると相手は、時間があれば美術館に行く人、美術の専門誌に目を通している人というイメージで受け取ります。

現実は、大学を卒業以来、美術館には足を踏み入れていないし、情報誌の美術展紹介のページを斜め読みする程度だとしても、ウソではありません。つまり、**もったいぶることで実際よりもよく見せることができる**というわけなのです。

とはいえ、それ以上突っ込まれたら簡単にボロが出てしまいます。それを防ぐためには、**話の矛先を相手に向ける**のが有効です。「美術がお好きなんですか？好きな作品はどんなものですか？」などと質問して語らせてしまうのです。

それを興味のある態度で聞けば、知識があるのにひけらかさないという印象を与えることもできるうえ、自ら語ることもないのでボロが出にくくなります。

大切なのは、言葉数を抑えて核心をはぐらかすことです。交す言葉は少ないほうが真実をより美しく見せてくれるのです。

How to read others

カリギュラ効果

禁止されるほどやりたくなってしまう不思議

有名な心理作用のひとつに**カリギュラ効果**があります。これは、禁止されたり否定されたりするほど、それをしたくなってしまうというものです。

たとえば、ダイエットをしようと決意したとたん、甘いものが食べたくてしかたがなくなるというのもこの心理作用のせいです。

このカリギュラ効果を利用して、ライバルに対してたったひと言で簡単に優位に立つことができます。

やり方は単純で、**してほしいことをあえて禁止する**だけです。先の項目でも触れましたが、「～するな」と言うだけで面白いように効果を発揮します。

たとえば、「今回のプレゼンは顔見世のようなものですから、そんなに緊張しないほうがいいですよ」と声をかけられたら、緊張してはいけないという思いが強くなり、逆に緊張感が増してしまいます。

あるいは、「いま、この資料を読む時間はないですよね。無理に読まなくてもいいです」と言われたら、どうにかして時間をつくって読んでやろうという気持ちになるはずです。

人間が持つあまのじゃくな一面や、反発心をうまく利用して思いどおりの行動をとらせると聞けば、心理戦にたけた人の専売特許のように思えますが、実際はじつに単純なテクニックなのです。

さらに狡猾なのは、その言葉が配慮や思いやりからくるように聞こえることです。言われたほうは、善意からの言葉だと思えば表立って反発もできず、その結果として**あまのじゃくな行動にも拍車がかかってしまう**のです。

ちょっと声を掛けることで相手を操ることができるだけでなく、自分をいい人にみせる効果もあるので試してみる価値はあるはずです。

How to read others

ウソの構造

くどくど言わないで、結論だけを繰り返す

見え透いたお世辞を言われても、よほどおめでたい性格でない限りやすやすと信じることはないでしょう。しかし、その言葉も2度、3度と繰り返されれば、信じたい気持ちになってくるものです。

人間はどこから見てもはっきりわかるウソであっても、3回も繰り返されると信じやすくなってしまいます。ただ同じ言葉を繰り返すだけなら、まさに手間も時間もかからないお手軽な方法といえるでしょう。

ビジネスシーンでは、まったくのウソを信じさせるようなケースはあまりないでしょうから、裏づけの弱さや説得力のなさを補いたいという場合にこの心理効果が利用できるはずです。

たとえば、最初に「これがベストの選択です」と言ったとたん、いったいその

根拠は何なのかと軽くあしらわれてしまったとします。そこでめげずに、**2度、3度と繰り返す**のです。

また、結論だけを繰り返すにとどめ、あまりくどくどと説明しないようにすることです。もともと根拠や信ぴょう性に欠けるわけですから、口数が増えればぼうさん臭さが露呈するどころかボロが出てしまいます。とにかく**さも自信ありげに、結論を繰り返せばいい**のです。

繰り返すだけで信ぴょう性が増すなんて、真面目に取り組むのがバカバカしくなってしまうかもしれませんが、あくまでもこれは窮余の策です。ふだんは真摯に取り組んでいるからこそ言葉に一定の重みが加わるのです。

もし、サボってばかりで口先だけの人間だという評価をされてしまっていたら、このテクニックも効果が薄くなってしまいます。

日ごろから誠実に行動していればこそ、この禁じ手のようなテクニックは効果があります。ここぞという場面で信ぴょう性を増すためには、日ごろの地道な努力が欠かせないのです。

How to read others

ランチ・ミーティング

いまどきは「一杯」より「ランチ」で攻め落とす

アメリカの心理学者・グレゴリー・ラズランが提唱した心理作用が「ランチョン・テクニック」です。簡単にいえば、食事をしながら話すことで多幸感が生まれ、話の内容にもポジティブな感情を持たせることができるというものです。

日本では酒の席を設けて職場の交流を図るというのが当たり前のように行われてきましたが、この**ランチョン・テクニック**の作用を考えればそれは理にかなった行為ともいえます。

「このあと、1杯どうですか」というひと言で夜の席に誘い、**ほろ酔い気分で上機嫌になれば人間関係も円滑になる**というわけです。

ところが近年、若者を中心に酒の席を避ける風潮が生まれています。代わりにもてはやされているのが、**パワーランチやランチミーティング**です。いってみれば、従来なら酒の席で行っていたことをランチをとりながら行うのです。

ランチを一緒にという誘い文句なら、時間も限定されるので比較的気軽に口にできますし、**受けるほうもそれほど身構えずに乗ってくる**ことができるわけです。

いわゆる「飲みニケーション」慣れした世代には少々物足りないようにも思えるかもしれませんが、アルコールが入っていない分、より核心について話すことができるうえ、時間帯も日中なので肉体的にも辛くはありません。

互いにプラスの感情を持って話せば、打合せもスムーズに運びます。いつもなら難色を示されるような依頼があってもおおらかに受け入れてもらえるかもしれません。

目の前に美味しいランチがセットされているならば、ランチョン・テクニックは十分に発揮できます。美味しいものを食べて仕事もスムーズに運ぶとしたらまさに一石二鳥といえるでしょう。

How to read others

ピーク・エンドの法則

この最後のひと言が次のチャンスに直結する

終わりよければ総てよし、というように、物事は最終的にどんな結末を迎えたかということが重要になります。途中で紆余曲折があり苦労をしたとしても、結果がよければその苦労は瞬く間に吹き飛ぶものです。

これを意図的に行うことで明らかに不利な状態を逆転できるのが、**ピーク・エンドの法則**です。

じつは、物事の印象を決めるのは、ピーク時と終了時によるものが大きいのですが、特に**終了時の印象は強烈で、それによってガラリと評価が変わってしまう**こともあるのです。

うまくいっていないことを途中でひっくり返して好印象に変えるのはむずかしくとも、終了間際の雰囲気なら短時間で明るくする方法があります。それは「**あ**

りがとうございました」のひと言です。

なかなか折り合えずに、ピリピリした状況の中で進んでいる会議があるとします。そのまま終えてしまったら不快な印象だけが残ってしまうはずです。

そこで最後に、「本日はありがとうございました」と感謝の言葉を伝えるのです。それまでのムードとはかけ離れた心からの感謝を伝えることができれば、会議自体の印象も不思議と前向きなものになります。

その場にいるメンバーは、「むずかしい交渉だったけれど、次はもう少し歩み寄れるといいだろう」「いろいろあったが、誠実な対応だった」など、**次につながるようなポジティブなイメージで終えることができる**のです。

けっして気持ちのいい時間を共有したわけではないですから、心から感謝し合うというのはむずかしいかもしれません。

しかし、たったひと言で印象を変えることができれば、次につながる関係を築けるのですからやらないという手はないはずです。

How to read others

ピグマリオン効果

相手のモチベーションを刺激する決め手のひと言とは?

よほどのひねくれ者でない限り、期待されてうれしくない人はいないでしょう。「もっと努力しろ」と言われるよりも、「君に期待しているよ」と言われるほうがやる気も上がるというものです。

これは**ピグマリオン効果**と呼ばれる心理で、人間には期待されたとおりの結果を出したいと思って行動するという性質があります。

たとえば「これなら君が一番適任だから、いい結果を出してくれると信じているよ」と言われたら、絶対に成功させよう、結果を出そうと張り切ってしまうはずです。

たったひと言でもその言葉の効果は絶大で、期待されるから頑張る、結果を出す、褒められる、さらに頑張るという好循環を生むのです。

ただし、乱発すると効果が薄れてしまいます。誰にでも調子がいいことを言うんだよなと思われたら意味がないのです。**ここぞというときに使ってこそ効果は絶大**になります。

ちなみに、言葉だけで行動が伴っていないということがないように気をつけなければいけません。意見を聞いたり、仕事を任せたりして、頼られている、尊重されていると思わせなければ、口先だけの空虚な言葉になってしまうのです。

また、あの人に期待されているならうれしいと思ってもらえなければ、ピグマリオン効果も薄くなります。

「期待しているよ」のひと言がそれだけで相手の心を動かす効果があるという背景には、**自分のふだんの行動がそれに値するかどうかも問われている**のだと覚えておきましょう。

人を動かすにはまず自分が動く。たったひと言で心を動かせる力のある言葉を使おうと思ったら、その言葉に力を与えるのは自分なのだと意識しておく必要があるのです。

How to read others

ほめる技術

相槌をうつだけで相手を喜ばせる裏ワザ

ひと昔前にほめ殺しという言葉が流行しましたが、本来、ほめられるというのは快いものです。お世辞かなと思ったとしても、何度も繰り返されればしだいに気持ちよくなってしまいます。

喜ばせるという目的だけにほめ言葉を使いたいなら、前述した通り「なるほど」と「すごい」というワンフレーズだけで十分です。空虚といえば空虚な言葉ですが、これを相槌のように繰り返していけばいいのです。

得意分野や、興味がありそうなことについて簡単な質問をするなどして話を振ってみます。そして、興味を示してきたら、**「なるほど！」と繰り返す**のです。そうしてだんだん気分がよくなってきたなと感じたら、「すごいですね」と感心してみせます。

単に話を聞いてもらうだけでも気持ちがいいものですし、感心したような態度で聞き入られたらかなりテンションが上がってしまうでしょう。

ポイントは、**何も考えずにこのフレーズをただ繰り返すだけ**なので、ちょっと苦手だなと思う人に対しても抵抗なくできるはずです。

共通の話題があまりなかったり、たいして面白い話題がなくても、相槌さえ打っていれば簡単にいい気分にさせられるからです。

ただし、そのときは、心から感心しているというポーズをとらなければいけません。興味がなさそうに「なるほど」と繰り返しても、「バカにしているのか！」と怒りを買ってしまいます。簡単な言葉だからこそ、渾身の演技で発しなければならないのです。

多少演技が入っていたとしても、ほめるというのは誰も傷つけないポジティブな行為です。ひたすらほめることで場を和ませ、自分の評価も上げることができるのです。

How to read others

ワンフレーズの魔力

単純フレーズの連発で、人心を引きつける

人類史上最悪の独裁者といえばアドルフ・ヒトラーの名前が挙がるでしょう。彼があれほど大衆を引きつけたのは、天才的な話術によるものが大きかったといいます。

彼の演説の特徴のひとつが、シンプルな言葉を繰り返すというものです。これは演説名人とされる政治家や有名人にも同じことがいえます。

人心を引きつけ、心酔させたいと思ったら、くどくどと説得してはいけません。「絶対に成功させてみせます！」などと、**シンプルかつ短くて強いワンフレーズを繰り返す**のです。

単純でわかりやすい言葉ほど人の心に残ります。シンプルな言葉でも力強く繰り返されるのを聞くうちに、いつしかそれに共感してしまうのです。

これは一種の**洗脳のテクニック**のひとつで、学歴や年齢、性別などに関わらず効果があるやり方です。なぜあの人が、と思われるような知的な人や猜疑心が強い人であっても、この単純なテクニックの前には意外なほどもろく、あっという間に取り込まれてしまいます。

そこで、どうしても勝たなければならない勝負があるとしたら、「私が絶対に成功させます！」と自信満々に言い切ってしまいましょう。

もちろん、そのための努力を怠っては意味がありませんが、周囲を味方につけておけば役に立つのは間違いありません。

ただし、これだけはっきりと言い切っておいて結果が出せなければ、かえって評価を落としてしまうので諸刃の剣にもなります。

強い力で引きつけられたものは、同じかそれ以上の力で反発する可能性があるのです。効果もリスクも同じくらい高いので、ここぞというときの切り札のテクニックとして胸に秘めておいても損はないはずです。

How to read others

初対面戦略

イメージのギャップがもたらすインパクト

〝ギャップ萌え〟という言葉がありますが、これは見た目の印象やふだんのイメージと違う姿を見て、その落差にキュンとしてしまうということです。人間は意外性に弱いというのがもっぱらのセオリーです。

主に恋愛関係で語られることが多いギャップ萌えですが、ビジネスシーンなどでも十分に活用することができる心理作用のひとつです。

ギャップ萌えを意図的に狙うとしたら、初対面のときにある程度勝負が決まってしまう側面もあるので、人間関係を戦略的に築いていこうという計画性も求められます。

第一印象というのは、その後の人物評価を決定づけるインパクトがあります。

そこで、嫌われない程度に多少人見知りをした対応や、**ビジネスライクでクール**

な話し方をするのです。

その後、数回顔を合わせてから少し打ち解けた話し方や態度をとるのです。**プライベートについて少しだけ話す**というのもいいでしょう。

「あれ？　こんなに気さくな人だったかな」「意外と優しい話し方をするんだ」などと思わせたら成功したも同然です。いつもの印象とは異なった雰囲気を感じ取り、一気に親近感を持ってもらえるでしょう。

ただし、ギャップといっても意外性で勝負するのはかなり高度なやり方です。完璧でスキがないタイプが見せるだらしなさや幼さには威力がありますが、**凡人がやったところで幻滅されて終わってしまう可能性が高い**からです。

売れっ子ホストやホステスのような手管ではありますが、あくまでも人間関係を有利に築いていくための戦略です。

ポイントは、最初の段階でいかに計画的に動くことができるかということにかかっています。

6

1秒で変わる

How to read others

思考シャットアウト法

悪魔の誘いから身を守るシャットアウト術とは

これだけ騒がれているにもかかわらず被害者が増え続けるオレオレ詐欺をはじめ、いまや詐欺事件は増加の一途です。

少し冷静に考えてみれば誰もがあやしいと気づくはずですが、最初のうちは断っていても、何度も繰り返されるうちに信じてしまう人があとを絶ちません。

そこには心理学でいう**「催眠効果」**があります。何度も同じことを聞かされるうちに、「そんな話はウソに決まってる」が、「いや、もしかしたら本当かもしれない」に変わるのです。まさに催眠術にかけられるようなものです。

しかも、一度でも刷り込まれた情報はそう簡単には消えません。

近くに人がいて、「その話、おかしいよ」「絶対に詐欺に決まってる」と助言してくれればいいのですが、現代ではそんな人はほとんどいないのが現実です。

では、どうすればいいのでしょうか。

最も手っ取り早いのは、**「この話はあやしい」と思ったら、思考をシャットアウトする**ことです。

頭の中を真っ白にする、あるいはまったく別のことを考える、そして新たな情報が入ってこないようにするのです。

電話なら受話器を離して相手の声が聞こえないようにします。会って話しているなら、まったく別の方向を見て別のことを考えます。

前の日に見たテレビのことでもいいし、「今夜は何を食べようか」でもいいでしょう。ただ**ゆっくりと心の中で数を数える**だけでもかまいません。

ともかく自分の頭をいったんフリーズして、相手の話を無視するのです。そうすれば、新たな情報が入ってこないので何の刷り込みもされません。

これこそ最も効果的で素早い身を守る方法なのです。

How to read others

ネガティブ思考の連鎖を防ぐ

あえて「反省」しないで、次のエネルギーにつなげる

記者が詰め寄り「ちゃんと反省してるんですか」と詰問すると、「今回のことは十分に反省をし、二度と同じ過ちを繰り返さないようにいたします」と深く頭を下げる――。

政治家や社長などの謝罪会見ではおなじみのやりとりです。

職場であれ学校であれ、誰かが何かでミスをすると、とかく反省が求められます。「反省します」とさえ言えば、なんとなく収まるという風潮もあります。そういう意味では「反省」という言葉は便利です。

しかし、場合によってはいくら反省しても、いまさらどうにもならない事態もあります。ときには、**同じ過ちをしないと思い込むあまり、逆に、つい同じことを繰り返す**こともあります。

そんなときには、いっそ**反省など時間の無駄**と割り切ってはどうでしょうか。いくら反省しても、ただくよくよしてネガティブな気分になるだけだと思ったら、「よし、反省なんかしないぞ！」と自分に言い聞かせましょう。

反省する人間は立派な人格者だなどと思う必要はありません。そういう人は、過去に縛られて、いつまでたっても失敗から抜け出せないのです。

「もうすんだことだ。しかたない」「いくら悔やんでも過去には戻れない」「きれいさっぱり忘れて、次のことを考えよう」…、そこまで割り切ることができたら、それこそまさに前向きな人生です。

だいいち、反省するためには何がいけなかったのかを思い返し、これからどうするかを考えなければならないのでかなり時間がかかります。

そんな時間をかけるよりは、**瞬時に気分を切り替えて前進すべき**です。

反省は美徳とは限りません。反省しないことが次のエネルギーになることもあるのです。

How to read others

目標設定法

気持ちが前に向かないときは、目標の考え方を変える

目標設定をするときには、たとえ結果が同じであっても道はひとつではないことを忘れてはいけません。仕事であればタイムリミットがあるはずですが、その中でできるだけ無理のない計画を立てることが確実に目標を達成することへの第一歩になります。

特に数値目標があるようなことなら、初めから無理な数字を設定するのではなく、ちょっと頑張ればできるような数字を積み上げて目標をめざすのが賢いやり方です。そのために真っ先に行うべきなのは、**目標になる数字を分解してしまう**ことです。

目標の数値が１００として考えてみましょう。

90＋10、50＋30＋20、25＋25＋25＋25など、数え上げればきりがないほど例が

上がるでしょう。大切なのは、**足した結果が100になる**ことです。

それを踏まえて、100枚の資料を5日で作るとします。まずは一気に片づけてしまおうと、1日目50枚、2日目15枚、3日目20枚、4日目10枚、5日目5枚というような計画を立てたとしたら、初日で頓挫してしまうのがオチです。

それよりも毎日20枚という、そこそこ**実現可能な数字を5日間コンスタントに積み上げていく**ほうが結果的には納期に間に合う確率が高いのです。

計画を立てているときというのは、少し無謀なことでもできるような気がするものですが、いざ実行する段になると高すぎる目標は気持ちを萎えさせてしまうだけです。

それよりも1回の数字は小さくても、**長く継続していける目標値を設定する**ほうがいいのです。少し頑張ればクリアできて、そこで達成感を味わえ、次へのモチベーションにつなげていくのがベストです。

長期にわたる計画は結果が出るまでに時間がかかりますが、じつはその成否は計画を立てるときに決まってしまうのです。

How to read others

不幸中の幸い

ポジティブ思考で「不幸」は「幸せ」に変わる

電車の中で2万円が入った財布をすられたと友達に話したら、「うちは泥棒に入られて300万円分の宝石を盗まれたよ」と返されたとします。

2万円でショックを受けていたら、300万円を盗まれた人がいる。そう考えると、2万円くらいどうってことないと思えてくるものです。

ようするに、何事も「比較」の問題です。

いかに不幸なことが起こっても、もっと不幸なこともあったかもしれない、こっちの不幸に比べたら、まだマシだと考え直せば、どうってことのない気分になるものです。

つまり、**比較することで不幸のどん底にいたはずがいきなり気持ちが楽になる**のです。

たとえば、給料を減らされても、「クビになれば収入ゼロだ。それよりはマシか」と思うだけでいいのです。

自動車事故を起こしてかなりの修理代を請求されても、でも人身事故でなくてよかった。人をはねたら一生がフイになったかもしれないと思えば、修理代なんて安いものだと思えます。

あるいは、結婚まで考えていた人と別れることになったら、「世の中には、恋人もできなくて悩んでる人もいる。きっと自分にはまたいい人が現れるはずだ」とポジティブに考えれば前向きな気持ちになれるはずです。

どんなことが起こっても、**「もっと悪い状況」があり得た**はずです。しかし、そうはならずに軽くすんだとしたら、それは大いなる幸運です。

なんて不幸なことなんだ、自分はアンラッキーだと思うくらいなら、「いや、そうじゃない、不幸のどん底に叩き落されるはずが、ぎりぎりのところで救われたんだ。自分はむしろラッキーだ」と思い直せば、たいていの不幸は乗り切ることができます。

How to
read others

絶望からの脱却

巨大カタルシスで折れた心を浄化する

　仕事で大失敗をしたり、恋人にフラれたりしてガックリしているとき、映画でも見るかという気分になることがあります。あるいは、涙なしには見られない恋愛ドラマを全巻借りて、「徹夜で一気に見て、ボロボロ泣いて、イヤなこと全部忘れるわ！」などと意気込んでいる女性もいます。

　落ち込んだとき、人は大きな感情の動きを求めるものです。

　心理学的にいえば、これは大正解です。二度と立ち直れないのではないかというくらい落ち込んだら、何でもいいので**大きな感動体験すればスッキリ忘れることができる**からです。

　大きな失意や絶望を体験したとき、人は早く忘れたい、二度と体験したくないと考えて、それを記憶の奥底に沈めようとします。しかしこれは大きなプレッシャーにもなり、逆にその人の感情に大きくのしかかってくるのです。

これをはねのけてくれるのが**「カタルシス体験」**です。

有無を言わさぬ大きな感動や、ボロボロとあふれてくる涙、全身を揺さぶられるような衝撃、そんなものを体験することでプレッシャーが一掃されます。いい換えれば**浄化**されるのです。

実際そんなものに触れたあと、世界がまったく違って見えるほどスカッとした経験のある人も多いのではないでしょうか。

人間には、**大きな絶望に出会っても、そこから抜け出そうとする心の働きがある**のです。それがなければ、いつまでも絶望から抜け出すことができず、それを引きずったままで生きることになります。

そんな負の感情をかなぐり捨てて、サッパリした気分でやり直すためにも、巨大なカタルシスですべてを浄化するという心の浄化作用を前向きに活用したいものです。

How to read others

バーンアウト症候群

完全燃焼をしてしまったときの正しい「休み方」

名作漫画『あしたのジョー』の主人公・ジョーがホセ・メンドーサと15ラウンドを戦い抜き、真っ白になってリングで微笑んでいる、あの有名なラストシーンは、まさに死力を尽くして燃え尽きた人間の姿です。

ジョーでなくても、過酷な仕事や体験をして心身が激しく消耗し、文字通り燃え尽きてしまったという経験のある人も少なくないでしょう。

特に近年は医療や介護、あるいは法律関連の仕事など、人の命や生活そのものを脅かす事態に直面する現場では、そういった**「燃え尽き症候群」**にかかるケースが増えています。

しかし、精神的にまいってしまい、二度とその仕事に向き合えなくなったり、体を壊して寝込んでしまっては元も子もありません。せっかくの情熱を生かし、充実した人生を生きるためにも、燃え尽きたと思ったらそこから確実に回復したいものです。

そのために必要なことは、たったひとつしかありません。

休むこと。それに尽きます。

何も考えないで心身を解放させ、ゆっくりと回復するのを待つ。単純なことですが、それこそが最も効果的な方法です。

とはいえ、燃え尽きるまで仕事に打ち込む人は、この「休む」ということが苦手です。

次から次へと仕事に手を出したり、CMではありませんが24時間仕事と戦ったり、相手に感情移入をし過ぎて同じように悩んだり苦しんだりします。そんな生真面目な人だからこそ、**休むことは罪悪だと思い込む**のでしょう。

周囲の人も「少し休んだほうがいいよ」「休みはしっかりとってね」などと声をかけてあげることが大切です。たったひと言の気遣いが大きな支えになることを忘れないでください。

How to read others

原点回帰

“あのころ”に還るだけで誰でも生まれ変われる

いまだに世界的な大ヒット作品として知られるゲームに「スーパーマリオ」があります。開発者は、「子供のころに外を走り回って遊んでいたときの興奮と面白さをゲームで再現したい」という発想からあのゲームを生み出したそうです。キャラクターが走ったり跳んだり、潜ったりして何かを発見したりする動きの中には、子供なら誰もが持っているドキドキ・ワクワク感が反映されています。子供時代の経験には、素朴な夢と冒険心が詰まっています。それは人間をひとつの行動に駆り立てる大きなエネルギーでもあり、いろいろな可能性がたっぷりとひそんでいるのです。

そして大人になったいま、仕事や日常生活の中で行き詰まり、一歩も前に進めなくなったときには、そんな子供のころを思い出してみてください。

といっても、昔を懐かしみ、ノスタルジーに浸れという意味ではありません。幼なかったころの自分が「何にドキドキしたか」「どんなものに大喜びしたか」をもう一度思い返し、いわば**発想の原点に立ち還る**ということです。

遊園地のジェットコースターやお化け屋敷で経験したスピード感やスリルを覚えていれば、そこに新製品のアイデアがあるかもしれません。

少年サッカーチームで初めてシュートを決めた時の喜びが記憶にあれば、その努力の過程と達成感をあらためて思い返すことで、いま目の前にある困難に打ち勝つ力を得られるかもしれません。

子供心を取り返すことの意味は、けっして童心に還るだけではありません。**幼いころの視点に戻って、あらためて世界を見渡してみる**ということです。何もかもが新鮮で輝いていたあのころの自分をもう一度取り戻すことで、新たな発想とエネルギーが湧いてきます。

「原点回帰」には、自分が生まれ変わるきっかけがひそんでいるのです。

How to read others

未来を変えるキーワード
いつもの自分でいられないときの「魔法」の言葉

世の中にイライラしない人はいませんが、じつは、イラつきを解消する魔法のキーワードがあります。それは、**「変えられるもの」「変えられないもの」**のふたつです。

イライラの原因をよく考えてみると、2種類に分類することができます。

たとえば、自分なりに努力をして業績も上げているつもりだけれど給料がまったく上がらない。いくら頑張っていい企画を考えてもプレゼンで必ず失敗してしまう。独創的なアイデアを出しているつもりだが周囲に受け入れてもらえず、逆にチームのお荷物になっている。打ち合わせや会議の準備に時間がかかり必ず遅刻してしまう――など、どれもありがちです。

このうち、給料が上がらないというのは、会社の事情もあるので自分ではどうにもできないことです。だから「変えられないもの」です。

ほかの３つについて考えると、会議のプレゼンで失敗しないためには、プレゼンのやり方を学ぶという解決策があります。自分のアイデアが受け入れられないときは、チームの目的と全体の空気を読んで協調性を発揮することを考えます。

遅刻が多ければ、早く準備を始める、手早くやるように訓練するなどの改善策があります。つまり、これらは「変えられるもの」です。

基本的に、「他人」と「過去」に関することは自分では変えられませんが、「自分」と「未来」に関わることは自分で変えられます。

そこで「自分でどうにかすれば変えられるもの」だけを選択します。そして変えるための方法を考え、それについて努力するのです。具体的に何をすればいいか、そして何を達成すればいいかがわかっていればイライラしません。

逆に**「変えられないもの」がわかったら、きっぱりあきらめて忘れる**ことです。**割り切ることでイラ立ちはたちまち解消される**のです。

「変えられるもの」「変えられないもの」は、自分を変える魔法のキーワードです。

青春文庫

相手《あいて》の「こころ」はここまで見抜《みぬ》ける！
1秒《びょう》で盗《ぬす》む心理術《しんりじゅつ》

2019年3月20日　第1刷

編　者　おもしろ心理《しんり》学会《がっかい》

発行者　小澤源太郎

責任編集　株式会社プライム涌光

発行所　株式会社青春出版社

〒162-0056　東京都新宿区若松町12-1
電話 03-3203-2850（編集部）
03-3207-1916（営業部）
振替番号　00190-7-98602

印刷／中央精版印刷
製本／フォーネット社

ISBN 978-4-413-09719-2

ほんとうのあなたに出逢う ◆ 青春文庫

日本人が知らない歴史の顛末！
「滅亡」の内幕

隆盛を極めたあの一族、あの帝国、あの文明はなぜ滅びたのか――
〝その後〟をめぐるドラマの真相を追う！

歴史の謎研究会［編］

(SE-716)

アドラー心理学で
子どもの「がまんできる心」を引きだす本

「なんでも欲しがる子」「キレやすい子」の心に届く言葉がある！ アドラー心理学を取り入れた上手な子育て法

星 一郎

(SE-717)

つい「気にしすぎる自分」から抜け出す本
ちょっとした心のクセで損しないために

いい人すぎるのも優しすぎるのも、あなたが悪いわけじゃない。ストレスなく心おだやかに生きるための心のヒントをあなたへ――。

原 裕輝

(SE-718)

相手の「こころ」はここまで見抜ける！
1秒で盗む心理術

面白いほど簡単！ ヤバいほどの効果！ 「おうむ返し法」「空ボメ法」「沈黙法」…他人には教えられない禁断の裏ワザを大公開！

おもしろ心理学会［編］

(SE-719)